Rumpf · Didaktische Interpretationen

*»Alle Erscheinungen, alles Wissen soviel als möglich beleuchten, um dabei auf etwas Eigenes zu stoßen.«*

\* \* \*

*»Nichts setzt dem Fortgang der Wissenschaft mehr Hindernis entgegen, als wenn man zu wissen glaubt, was man nicht weiß.«*

Georg Christoph Lichtenberg
(1742–1799)

Horst Rumpf

# Didaktische Interpretationen

Galilei, Euler, Lichtenberg, Lessing,
Tolstoj, Freud, Kükelhaus, Oevermann
und andere

Beltz Verlag · Weinheim und Basel 1991

*Über den Autor:*

Horst Rumpf, Jg. 1930, Prof. Dr. im Fachbereich Erziehungswissenschaften der Universität Frankfurt/Main; Lehrbeauf-
tragter an der Hochschule für Musik und Darstellende Kunst
Frankfurt/Main.

Die Deutschen Bibliothek – CIP-Einheitsaufnahme

*Rumpf, Horst:* Didaktische Interpretationen : Galilei, Euler, Lichtenberg,
Lessing, Tolstoj, Freud, Kükelhaus, Oevermann und andere /
Horst Rumpf. – Weinheim ; Basel : Beltz, 1991
  (Beltz Grüne Reihe)
ISBN 3-407-25131-9

Lektorat: Peter E. Kalb

© 1991 Beltz Verlag · Weinheim und Basel
Herstellung (DTP): Klaus Kaltenberg
Druck: Druck Partner Rübelmann GmbH, 6944 Hemsbach
Umschlaggestaltung: Dieter Vollendorf, München
Printed in Germany

ISBN 3-407-25131-9

# Inhaltsverzeichnis

# Die Aufmerksamkeitsrichtung

Es gibt mehr Lehrer und mehr Lehr-Arten zwischen Himmel und Erde als sich unsere auf herkömmlichen Unterricht fixierte Schulweisheit träumen läßt. Das ist schnell zu spüren, wenn man nur produktive Leute wie z.B Natur- und Menschenforscher, Literaten, Künstler oder auch Journalisten daraufhin betrachtet, wie sie es anstellen, sich anderen verständlich zu machen, sie gewissermaßen in ihre Aufmerksamkeit hineinzuziehen, sie dabei aus dem Sog zum vorschnellen Bescheidwissen herauszulocken. Mich interessieren dabei solche Leute, die Laien, Anfänger, Kinder nicht zu Landeplätzen für ihr in Fachsprachen verpacktes Spezialwissen reduzieren – die vielmehr das Kind, den Anfänger mit dem überraschten Blick in sich nicht völlig zum Absterben gebracht haben, die also die lebensweltlichen Wurzeln ihrer Einsichten und Werke spüren lassen.

In diesem Buch suche ich einige Funde in dieser wenig begangenen Region auszubreiten – auch um die Ärmlichkeit unserer didaktischen Monokultur bewußt zu machen. Die Bemerkung beispielsweise von Harald Weinrich, Lehrer und Kulturvermittler neigten dazu, vor lauter Information die Imagination zu vergessen – und solches zu vermeiden könnten Lehrer »von den schönen Künsten und nur von ihnen« lernen (Weinrich 1985, S. 244) – diese Bemerkung blieb eine Mahnung mit wenig Resonanz. Es war die Mahnung, sich angesichts der vielzitierten Stoff- und Informationsfluten sich nicht auf planierte Lernschnellwege mit scharf kalkulierten Aufgaben- und Prüfungshürden drängen zu lassen. Und den Krebsgang zu wagen.

Wo und wie lassen sich Gegendriften betrachten oder gar lernen – die Kraft etwa, im Lehren und Lernen langsam zu werden, Erfahrungswiderstände spürbar zu machen, Brüche und Unbekanntheiten auszugraben und auszuhalten, um dabei das zu gewinnen, woran in unseren Bildungs- und Kulturbetrieben Mangel herrscht: Intensität und Anwesenheit? Wo kann man sehen lernen, wie das geht, daß Inhalte nicht didaktisch zu neutralisiertem Lehrstoff kleingearbeitet werden? Daß sie vielmehr in ihrer Eigenmaserung zu Gesicht kommen, ohne von standardisierten Lernschritten zugerichtet worden zu sein? Wie sieht das aus, wenn Menschen lernen, sich auf Inhalte, Gegebenheiten einzulassen, in ihnen zu verweilen, sie auf ihre Erfahrungen zurückzubeziehen und sich ihnen von verschiedenen Seiten aus eigenem zu nähern, ohne sie ein für allemal hinter sich zu bringen? Und dabei ihre eigenen Sinnentwürfe mit ihren Stärken und Schwächen zu spüren? Es gibt Lehrmeister und Lehrstücke in diesen phänomenologischen Künsten, die als solche kaum bekannt sind.[*]

H.R.

---

[*] Die theoretische Grundlegung der in diesem Buch ein Stück weit entfalteten phänomenologischen Aufmerksamkeiten und der darin steckenden forschungsmethodischen Zugänge habe ich skizziert in der Abhandlung »Die Fruchtbarkeit der phänomenologischen Aufmerksamkeit für Erziehungsforschung und Erziehungspraxis« in dem von Max Herzog und Carl-Friedrich Graumann herausgegebenen Sammelband »Sinn und Erfahrung – Phänomenologische Methoden in den Humanwissenschaften«, Heidelberg (Asanger) 1991.

# Prüfungsgeist

»Es ist ganz gut, viel zu lesen, wenn nur nicht unser Gefühl darüber stumpf würde und über der großen Begierde, immer ohne eigene Untersuchung mehr zu wissen, endlich in uns der Prüfungsgeist erstürbe« (Lichtenberg, 1953, S. 158).

In dreierlei Richtung fahndet Lichtenberg, wenn er nach Größen sucht, an denen der Prüfungsgeist ansetzen könnte und müßte, an denen er aber zu resignieren neigt: die Vielleser neigen dazu, das Gelesene nicht mehr prüfend und vergleichend zu den Realitäten in Beziehung zu setzen; ihre eigenen Gedanken, ihr mitgebrachtes Vorwissen stillzustellen und für nichts zu achten; den Autoren und ihren (Professoren-)Titeln einen solchen Vorschuß an Autorisierung zu geben, daß ihnen der Gedanke nicht mehr kommt, ob der in der Aussage, in dem Buch erhobenen Anspruch auf Kompetenz und sachliche Zurechnungsfähigkeit auch gedeckt ist – durch die Qualität der Äußerungen. Alle drei Neigungen hängen zusammen in dem, was *Lichtenberg* als erste Folge fatalen Viellesens nennt: »... wenn nur nicht unser Gefühl darüber stumpf würde.« Der Vielleser ist in Gefahr, das Gefühl für sich und die Wirklichkeit zu verlieren und damit auch ein Reservoir, aus dem der Prüfungsgeist schöpfen kann, wenn er Aussagen mit Realitäten, Autoritätsansprüche mit der Qualität von Äußerungen vergleicht. Aber nicht nur den Viellesern ist es anzulasten, wenn ihre kritische Vernunft degeneriert. Es hat das auch mit der Art zu tun, wie die Wissensinhalte dargestellt, wie sie übereignet werden.

»Ein etwas vorschnippischer Philosoph, ich glaube Hamlet, Prinz von Dänemark, hat gesagt, es gäbe eine Menge Dinge im Himmel und auf der Erde, wovon nichts in unseren Compendiis steht. Hat der einfältige Mensch, der bekanntlich nicht recht bei Trost war, damit auf unsere Compendia der Physik gestichelt, so kann man ihm getrost antworten: ›Gut, aber dafür stehen auch wieder eine Menge von Dingen in unseren Compendiis, wovon weder im Himmel noch auf der Erde etwas vorkommt‹« (Lichtenberg, 1953, S. 153).

Wie sollte ein Leser noch imstande sein, Ansprüche in Lehrbuchsätzen an der ihm im Himmel und auf der Erde zugänglichen Wirklichkeit zu überprüfen, wenn diese Lehrbuchsätze sich nicht mehr in ihm kenntlicher Weise auf Gegebenheiten der Erfahrung beziehen?

Die Art, wie Wissensinhalte dargestellt werden, welcher Geist ihren Zusammenhang durchdringt – beides hängt ab von dem, was den Verfasser antreibt. Und hier ist ein weiterer Faktor auszumachen, der den Prüfungsgeist erlöschen läßt, ein Faktor, der sich in der inhaltlichen Modellierung des Buchwissens niederschlägt:

»Wenn unsere jetzt im Schwange gehende registerartige Gelehrsamkeit nicht bald zu ihrem Winterstillstand kommt, so ist allerdings viel zu befürchten. Der Mensch lebt allein, um sein und seiner Mitmenschen Wohl so sehr zu befördern, als es seine Kräfte und seine Lage erlauben. Hierin kürzer zu seinem Endzweck zu gelangen, nützt er die Versuche seiner Vorfahren. Er studiert. Ohne jede Absicht studieren, bloß um zu sagen, was andere getan haben, das heißt, die letzte der Wissenschaften treiben. Solche Leute sind so wenig eigentlich Gelehrte, als Register Bücher sind...« (Lichtenberg, 1953, S. 127).

Nicht das Viellesen allein und als solches dünkt *Lichtenberg* bedenklich; der seinerzeit verbreitete Gehalt verführt dazu, sich in eine Scheinwelt zu verfangen. Ein Register fordert nicht zur Auseinandersetzung heraus, es erhebt keine gezielten Ansprüche, die zu prüfen, zu bezweifeln, zu verbessern wären – so wenig wie die Produkte der »registerartigen Gelehrsamkeit«. Die in jeder sprachlichen Äußerung steckenden Ansprüche auf Gültigkeit und Triftigkeit, zu denen der Angesprochene Nein oder Ja oder teils Ja/ teils Nein zu sagen nicht umhin kann[1] – diese Ansprüche sind nicht mehr durch äußere Machtgebote oder durch sakral – kultische Ladungen unter der Decke gehalten. *Lichtenberg* beobachtet, wie die Aufklärung der Köpfe unter der Verstopfung dieser Köpfe durch etwas, was

Wissen genannt wird, schwindet. Eine bestimmte Art, Wissen zu erzeugen und unter die Leute zu bringen befördert das, was in früheren Jahrhunderten die Religion und, mit ihr verbunden, die politische Macht zuwegegebracht haben: den Prüfungsgeist hintanzuhalten. Die »registerartige Gelehrsamkeit« ist an ihren Früchten zu erkennen. Was fangen Menschen mit Büchern an, in denen keine sie herausfordernden Geltungsansprüche kenntlich sind? Sie tun dasselbe, was der Autor tat – sie häufen an und stapeln, sie exzerpieren:

»Er exzerpierte beständig, und alles, was er las, ging aus einem Buche neben dem Kopf vorbei in ein anderes« (Lichtenberg, 1953, S. 141).

Eine Art der Wissensweitergabe, die von der stillschweigenden Annahme zu zehren scheint, Wissensinhalte, Wörter, die Wissen transportieren, hätten automatisch, quasi sakramental, eine heilsame Wirkung. *Lichtenbergs* Zorn richtet sich dagegen. Wenn die Leser das Wissen nicht an Dingen der Welt, an ihrer Erfahrung, an ihren Absichten reiben und prüfen können, weil es weltlos, registerartig organisiert daherkommt, verdirbt es die Beobachtung, das Nachdenken, das Gespräch. Die Menschen sind durch das den Prüfungsgeist lähmende Wissen, das äußerlich übernommene, nur angelesene, um die Fähigkeit gebracht, zwischen bloßem Informiertsein aus zweiter Hand und einem Wissen zu unterscheiden, das den »Prüfungsgeist« und das »Gefühl« nicht übergangen hat.

»Es ist gewiß besser, eine Sache gar nicht studiert zu haben als oberflächlich; denn der bloße gesunde Menschenverstand, wenn er eine Sache beurteilen will, schießt nicht so sehr fehl als die halbe Gelehrsamkeit« (Lichtenberg, 1953, S. 128).

Die halbe Gelehrsamkeit ist in Gefahr, dort der Einbildung zu wissen, zu verfallen, wo sie im Grunde nichts weiß. Diese eingebildete Sicherheit macht blind für das Ungeklärte, Widersprüchliche, Unbekannte – in der Wirklichkeit wie im kulturell überlieferten Wissen. Und nur die Fähigkeit, Ungeklärtes, Widersprüchliches, Unbekanntes zu gewahren und auszuhalten, hält den Prüfungsgeist am Leben; er entzündet sich daran, ob vorgetragene Behauptungen und Begründungen dem Anspruch genügen, mehr Klarheit oder Stimmigkeit in bislang Unbekanntes oder Ungereimtes zu bringen. Wie könnte der Prüfungsgeist solche Ansprüche prüfen, wenn er nichts von der Unbekanntheit wüßte, die ein vorgetragenes Wissen zu mindern beansprucht? Wer sich angelesen hat und mit seinen Mitmenschen der Überzeugung ist, daß er sich mitsamt der Erde ständig in einer Drehbewegung befindet, wer in sich keine Spur Nichtwissen mobilisieren kann darüber, wie solche Drehbewegung denn möglich sein soll – in rasender Geschwindigkeit, nach Osten – obwohl nichts davon zu spüren ist; wer in sich keine Spur Ratlosigkeit darüber auffinden kann, wie denn Menschen auf diese Idee kommen konnten; wer auf einschlägige Fragen kein Argument zu nennen weiß, sondern auf das verbriefte Wissen der Experten verweist – wer also jede persönliche Haftung für dieses Wissen genauso ablehnt wie die Anerkennung eines persönlichen Nichtwissens in einer Angelegenheit, die die täglichen Geschehnisse vor aller Augen betrifft, der hat in diesem Bereich den Prüfungsgeist verloren.

Er ist durch die von *Lichtenberg* attackierte Spielart des Wissens erstickt. Er ist durch Wissen wissensunfähig. Wer also die Kräftigung des Prüfungswissens in den Menschen befördern will, der muß das Nichtwissen ermutigen. Nicht um die Vernunft einzuschüchtern, sondern um sie aufzuwecken und ihr sozusagen Material zu geben, anhand dessen sie die Triftigkeit von Bemühungen überprüfen kann, Unbekanntheit und Widersprüchlichkeit anzugehen und zu mindern. Wer zu wissen glaubt, daß sich die Erde dreht, ist unfähig und unwillig, ein Argument dafür oder dagegen zu fordern und zu prüfen.

»Jetzt sucht man überall Weisheit auszubreiten, wer weiß, ob es nicht in ein paar hundert Jahren Universitäten gibt, die alte Unwissenheit wiederherzustellen« (Lichtenberg, 1953, S. 126).

Über die Art, wie Wissensinhalte zur Weitergabe modelliert werden und welche Wirkungen diese Weitergabe in Menschen zeitigt, die ihr ausgesetzt sind – darüber urteilt *Nietzsche* etwa 100 Jahre später im Blick auf die Gymnasien ähnlich:

»Die Vergeudung unserer Jugend, als man uns ein dürftiges Wissen um Griechen und Römer und deren Sprache ebenso ungeschickt als quälerisch beibrachte, und zuwider dem obersten Satze aller Bildung: daß man nur dem, der Hunger danach hat, eine Speise gebe! Als man uns Mathematik und Physik auf eine gewaltsame Weise aufzwang, anstatt uns erst in die Verzweiflung der Unwissenheit zu führen und unser kleines tägliches Leben, unsere Hantierung und alles, was sich zwischen Morgen und Abend im Hause, in der Werkstatt, am Himmel, in der Landschaft begibt, in Tausende von Problemen aufzulösen, von peinigenden, beschämenden, aufreizenden Problemen – um unserer Begierde dann zu zeigen, daß wir ein mathematisches und mechanisches Wissen zu allernächst nötig haben, und uns dann das erste wissenschaftliche Entzücken, an der absoluten Folgerichtigkeit dieses Wissens zu lehren!« (Nietzsche, Morgenröte III, 195; 1954, S. 1142).

*Nietzsche* glaubt sich zu erinnern, daß Lehrer, Schulbücher, Lehrverfahren in den beiden genannten Fächern darauf aus waren, richtige Erkenntnisse mitzuteilen. Warum wirkte diese Mitteilung wie ein gewaltsames Aufzwingen? *Nietzsche* hebt in dieser Erörterung nicht auf die bekannten institutionellen Zwänge oder die Umgangsformen in einer strengen Schule des 19. Jahrhunderts ab, sondern auf Züge der Formierung der Inhalte. Über dem Bekanntmachen richtiger Erkenntnisse kamen Lehrer, Lehrbücher nicht dazu, von den Dingen und Geschehnissen des täglichen Lebens die Haut der Vertrautheit abzuziehen, so daß sie auch fremde, unbekannte, unbegreifliche und widersprüchliche Züge zu zeigen begannen. Hätte die Weitergabe von Physik und Mathematik diese Unbekanntheit zu erzeugen vermocht, dann – so jedenfalls *Nietzsches* Vermutung – wäre eine Begierde aufgeflammt, hinter unbekannte Zusammenhänge zu kommen, gerade weil sie sich unter der geläufigen handgreiflichen Alltagspraxis zu verbergen neigen. Und der Wißbegier muß man Wissen nicht aufzwingen. Die andere Seite der Lehre also, die in Unwissen stürzt und den Hunger erzeugt – sie ist für *Nietzsche* die Bedingung dafür, daß Wissen nicht aufgezwungen wird. Zwanglos lassen sich die Ausdrücke *Lichtenbergs* als Kommentar verwenden: Der Prüfungsgeist kann nicht zum Zug kommen, die in dem vermittelten Wissen steckenden Geltungsansprüche können nicht erwogen und erörtert werden, das kritisch-urteilende Potential der (möglichen Gegen-)Rede kann nicht zum Zug kommen, weil die »peinigenden, beschämenden, aufreizenden Probleme«, die die Erkenntnisse aufzuklären beanspruchen, nicht in ihrer ganzen Schärfe aufgerissen (und bewußt) werden. Wie kann man die Qualität eines Sieges beurteilen, wenn man nichts von der Qualität des Besiegten weiß – wie eine Erkenntnis, wenn man nichts davon erfährt, womit sie sich in ihrer Entstehung hat herumschlagen müssen. Der Prüfungsgeist und das Gefühl – beide sterben über dieser Art, Erkenntnisse weiterzugeben, ab. Auch *Nietzsche* fordert eine Lehre, die in bestimmtem Sinn das Nichtwissen ausbreitet. Weil das aufgezwungene Wissen von Richtigkeiten die Wißbegier erstickt. Weil es namens eines scheinhaften Bescheidwissens der täglichen Lebenspraxis den »bloßen gesunden Menschenverstand«, von dem *Lichtenberg* schrieb, austreibt. Das Expertenwissen wird durch diese Ausklammerungen der Beurteilbarkeit entzogen, die Sprache schrumpft der Tendenz nach zum Transportmittel für Informationen – sie ist kein Medium des Prüfungsgeistes.

Nach einiger Kritik über die Lebensferne der Belehrung über das doch für vorbildlich erachtete Leben der Griechen schreibt *Nietzsche* in der gleichen Passage (mit der Überschrift »Die sogenannte klassische Erziehung«):

»... Und was für ein Wissen! Nichts wird mir von Jahr zu Jahr deutlicher, als daß alles griechische und antike Wesen, so schlicht und weltbekannt es vor uns zu liegen scheint, sehr schwer verständlich, ja kaum zugänglich ist, und daß die übliche Leichtigkeit, mit der von den Alten geredet wird, entweder eine Leichtfertigkeit oder ein alter erblicher Dünkel der Gedankenlosigkeit ist. Die ähnlichen Worte und Begriffe täuschen uns: aber hinter ihnen liegt immer eine Empfindung versteckt, welche dem modernen Empfinden fremd, unverständlich oder peinlich sein müßte. Das sind mir Gebiete, auf denen sich Knaben tummeln dürften!« (Nietzsche, 1954, S. 1143)

Die Fremdheit wird unterschlagen – und dadurch wird das so plausibel, in vertrauten Begriffen Präsentierte falsch. Die Knaben sind diesen platt verständlich gemachten und zu Vorbildern erhobenen Inhalten unvermittelt ausgeliefert. Kein Zwischenraum, keine Kluft, in die sich ein Gedanke, eine Frage, ein Wunsch nach Vergleich und Urteil einschieben könnte. Den Sinngehalten der Kultur, über die da Mitteilungen erfolgen, fehlt in entsprechender Weise die Schattenseite von Fremdheit, Unbekanntheit, Widersprüchlichkeit – es fehlt ihr die peinigende Unbegreiflichkeit, was ja auch die Inhalte von Mathematik und Physik ihrer den Prüfungsgeist herausfordernden Kraft beraubte. Nicht daß irgendeine Anschaulichkeit, irgendein diffuses Gefühl von Lebendigkeit diesen Inhalten ermangelt, registriert hier *Nietzsche* (und so hat die Bildungskritik von Jugendbewegung und Reformpädagogik solche und ähnliche Äußerungen immer wieder verharmlost – als gehe es nur um gewisse Injektionen von Natürlichkeit); in der Tradition von *Lichtenbergs* Kritik einer mißratenen Aufklärung durch Wissen mahnt *Nietzsche* die andere Seite des Wissens an, ohne die es schal wird, d.h. ohne die sein Anspruchscharakter sich jeder Prüfung, jeder sprachlich gefaßten Erörterung entzieht: ohne die es zur Mitteilung von Experten schrumpft und ohne die dem Leser, dem Laien, dem Schüler nur das hinnehmende Lernen bleibt. Die andere Seite – das ist die verwirrende und irritierende Seite der Gegebenheiten, die sich den geläufigen Deutungen und Erklärungen gegenüber widerspenstig zeigt; die unser verfügbares Wissen erschüttert, der Nichtigkeit überführt. *Lichtenberg* wie *Nietzsche* mahnen eine Darstellung und Vermittlung von Wissen an, die diese andere Seite nicht vergißt oder (zu motivierenden Denkanstößen etwa) verharmlost, sondern stark macht.

Es ist die Aufmerksamkeitsrichtung dieses Buches, Darstellungen und Vermittlungen von Inhalten der Kultur, der Wissenschaft zu betrachten und zu entziffern, die mit »Fremdheit paktieren«, wie es *Harald Weinrich* ausgedrückt hat – in einer Abhandlung »Über die Langeweile des Sprachunterrichts« (Weinrich, 1985, S. 241).

Rund sieben Jahrzehnte nach *Nietzsche* beobachtet *Adorno* Verfahren, Kenntnisse und Datenzusammenhänge durch Verbildlichung und übersichtliche Klassifizierungen dem Publikum nahezubringen:

»Die Entfremdung der Schemata und Klassifikationen von den darunter befaßten Daten, ja die reine Quantität des verarbeiteten Materials, die dem Umkreis der einzelmenschlichen Erfahrung ganz inkommensurabel geworden ist, zwingt unablässig zur archaischen Rückübersetzung in sinnliche Zeichen. Die Männchen und Häuschen, die hieroglyphenhaft die Statistik durchsetzen, mögen in jedem einzelnen Fall akzidentiell, als bloße Hilfsmittel erscheinen. Aber sie sehen nicht umsonst ungezählten Reklamen, Zeitungsstereotypen, Spielzeugfiguren so ähnlich. In ihnen siegt die Darstellung übers Dargestellte. Ihre übergroße, simplistische und daher falsche Verständlichkeit bekräftigt die Unverständlichkeit der intellektuellen Verfahren selber, die von deren Falschheit – der blinden begriffslosen Subsumtion – nicht getrennt werden kann... Was einmal Geist hieß, wird von Illustration abgelöst« (Adorno, 1962, S. 184).

Die Bilder täuschen eine Nähe, die Klassifikationen und Tabellen täuschen eine Einsicht nur vor. Solche gängigen Illustrationsmittel, die Kenntnisse zu verbreiten vorgeben, erschleichen die Souveränität eines Bescheidgebens und Bescheidwissens. Sie machen die Fremdheit, die Disparatheit des Materials unkenntlich, sie verwischen die Spuren der Gewaltsamkeit bei der Zuordnung, der Subsumtion von Materialien unter die bloß illustrierten Begriffe. Und sie unterschlagen den Abstand der »einzelmenschlichen Erfahrung« zu dem, worüber da so verständlich und anschaulich informiert wird. Bei diesen Bildern und Illustrationen können, brauchen und dürfen sich die zu informierenden Menschen nichts mehr denken – eine »gegen Denken geimpfte« (Adorno, 1962, S. 184) Haltung faßt diese Informationen auf, die »eigentlich gedachten Begriffe« sind »demoliert« (a.a.O.). Diese Verständlichkeit ist schlimmer als Nichtwissen, denn sie entzieht das Nichtwissen, das Nichtverstehen unter dem Anschein des Bescheidwissens dem Bewußtsein. Die Geltungsansprüche (die Annahmen) sind in dieser Bildersprache kaschiert. Der »Prüfungsgeist«, zugedeckt von schlagend illustrierten Zusammenhängen, kann sich nicht mehr regen. Für Adorno ist das kein technisches und durch didaktische Reaparaturen zu behebendes Vermittlungsproblem: »Mitten im Netz der ganz abstrakt gewordenen Beziehungen der Menschen untereinander und zu den Sachen entschwindet die Fähigkeit zur Abstraktion« (Adorno, 1962, S. 184). Die abstrakten Beziehungsnetze, die die Beziehung zu

Menschen und Sachen bestimmen, nehmen den Menschen gewissermaßen die Arbeit, aber auch die Fähigkeit ab, dem Material ihrer Erfahrung nachdenkend Beziehungen abzugewinnen, für deren Triftigkeit sie einstehen können[2]: »Nicht bloß daß die Menschen sich nicht mehr vorzustellen vermögen, was ihnen nicht abgekürzt gezeigt und eingedrillt wird ...« (Adorno, 1962, S. 184).

Eine Linie von *Lichtenberg* über *Nietzsche* zu *Adorno* wird deutlich: Es gibt eine Art der Übermittlung und der Aneignung von Wissensinhalten, die die Fremdheit der Sachen unterschlägt und die den Adressaten namens des leicht zu häufenden Wissens die Arbeit der Annäherung ersparen zu können glaubt. *Günther Anders* nennt den falschen Zustand, in den die Welt durch solche Maßnahmen kommt, »Verbiederung« (Anders, 1961, S. 116ff.). In einschlägigen Belehrungen kann dann von »good old Cassiopeia« ebenso die Rede sein ebenso wie von Sokrates als »quite a guy« (Anders, 1961, S. 118 und 119). Dieser Tendenz ist nicht zu wehren durch noch gerafftere Darstellungen, durch den Einsatz mediendidaktischer Mittel, die Wissensinhalte noch griffiger zu gestalten. Solches »Wissen auf einen Blick« ist Symptom, nicht Therapie. Ebenso wie die zum Genuß und zur Besichtigung bereitgestellte Kunst, die glatt polierte – oder wie die Historie, welche zum Medium verordneter Sinnstiftung domestiziert wird. Die Arbeit der Annäherung; die Arbeit des Prüfungsgeistes; die Arbeit, das »Nichtwissen« im Gespräch herauszubekommen und scharf zu machen; die Arbeit, sich in einer natürlichen Sprache mit anderen über schwierige, erstaunliche Sachverhalte und Überlieferungen zu verständigen – alle diese Arbeiten, in denen Menschen ihre Lebenswelt symbolisch reproduzieren (cf. Habermas, 1981, Bd. II, S. 208ff. und 480ff.), entbehren gewissermaßen der Materie, wenn die Kulturinhalte verbiedert sind oder in einer »registerartigen Gelehrsamkeit« aufgehäuft und zur Kenntnisnahme subjektneutral vorgestellt werden.[2]

Bei Forschern der Moderne, die durch ihre Vorträge und Schriften auch Lehrer wurden, läßt sich der Prüfungsgeist in Aktion aufspüren: Galilei, Lessing, Lichtenberg, Euler, Freud

– sie und andere haben so geschrieben, daß in ihren Darlegungen ihre eigene (lebensweltliche) Erschütterung durch Befremdliches und Unbekanntes nachzittert. Sie haben in dieser Lehre darauf gesetzt, daß sich in den Lesern etwas von diesen Erschütterungen neu anbahnt. Erstaunlich genug, daß über den Erkenntnissen der Genannten ihre Praxis als Lehrende, so gut wie unbeachtet blieb. Gemeinsam ist allen Beispielen der in diesem Buch betrachteten Kulturarbeit – es geht nicht nur um Erkenntnisweitergabe, sondern auch um Körpererfahrung, um die Zersetzung von Routinen durch Kunst – ein Zug: das Mißtrauen gegen die schleunige Erledigung, das Ausgraben von Widerständen und Brüchen, das Starkmachen des Befremdlichen, das den common sense irritiert. Und das nicht, um einen neuen Kult des Unbegreiflichen anzubahnen, oder einer institutionsfeindlichen Beliebigkeit das Wort zu reden[3], sondern um die Vernunft anzustacheln, die Bewegungen des Geistes und des Körpers aus den Verschleimungen durch Gewohnheit aufzustören, bewußt zu machen und zu bearbeiten.

Die Kulturarbeit in verschiedenen Bereichen kann von dem fremden Blick etwas lernen, der uns unter den Gesten der Erledigung und der Aufhäufung abhanden zu kommen scheint. Weil er die Aufmerksamkeit nicht beschleunigt, sondern verlangsamt.

# 1. Kritische Aufklärung: Lessing und Lichtenberg

# 1.1 Dem Einordnungsblick widerstreben

Lessing lehrt »Laokoon« zu betrachten
und zu bedenken

»Nicht die Wahrheit, in deren Besitz irgendein Mensch ist oder zu sein
vermeinet, sondern die aufrichtige Mühe, die er angewandt hat, hinter die
Wahrheit zu kommen, macht den Wert des Menschen. Denn nicht durch
den Besitz, sondern durch die Nachforschung der Wahrheit erweitern sich
seine Kräfte, worin allein seine immer wachsende Vollkommenheit besteht. Der Besitz macht ruhig, träge, stolz« (Lessing, Bd. II, 1959, S. 7).

Vielzitierte Worte, die schnell zur leeren Proklamation verkommen. Lessing attackiert ein falsches Haben- und dem muß
eine Aneignung vorausgegangen sein, die die träge und stolz
machende Besitzerhaltung anbahnte. Dem falschen Haben
muß eine falsche Aneignung von Kulturinhalten (des Wissens,
der Kunst, der Religion) entsprechen. *Lessings* kritisches
Werk läßt sich lesen als Gegen-Lehrgang gegen die Art von
Kulturübereignung, die Kultur zum zu verwaltenden Besitz
verkommen läßt. Lessing lehrt seine Leser die Mühe, hinter
die Wahrheit zu kommen. Es scheint beträchtliche Versuchungen und Möglichkeiten zu geben, sich diese Mühe zu sparen.
*Lichtenbergs* Kritik am Viellesen, das Gefühl und Prüfungsgeist abstumpft, liegt auf der gleichen Linie.

Kulturinhalte lassen sich zum Zweck der Traditionsüber-
eignung unterschiedlich arrangieren und inszenieren. Man
kann grob zwei Typen unterscheiden – und zwar quer durch
die verschiedenen Sparten von Übermittlungsagenturen und
Übermittlungsmedien. Ein Reiseführer, ein Lehrer, ein Regis-
seur, ein Museumseinrichter, ein Lehrbuchautor, ein Dirigent,
ein Forscher, der seine Erkenntnisse publik macht – sie können sich mit dem Wunsch des Publikums nach einem einheitlichen und stimmigen Bild der präsentierten Sache verbünden;
und damit auch die eigenen Bedürfnisse befriedigen, Proble-

me als gelöst darzustellen und Zusammenhänge in den Griff zu bekommen. Eine solche Darstellungsart wird dazu neigen, Abschnitte als Vorstufen der endgültigen Lösung zu stilisieren; sie gewährt Übersicht. Probleme und Schwierigkeiten tauchen nur als Anlässe ihrer Bereinigung und Überwindung auf. Und vielleicht wird auch bei bestimmten Inhalten eine Didaktik, eine Problemlösepsychologie zu Hilfe genommen, die den Sachen aufgepfropft wird, um sie interessanter zu machen und um die schließliche Gesamtsicht um so eindrucksvoller und souveräner in Szene zu setzen. *Karl Heinz Bohrer* hat diese Art von Kulturübereignung im Sinn, wenn er schreibt:

»Was könnte anheimelnder sein als eine Vorlesung über – sagen wir die Geschichte der Renaissance, die Formen des Expressionismus, die Mittel des Happenings oder die Furcht vor dem Unbekannten? Der gelehrt oder verstehend über Kunst und Literatur Redende macht nämlich das Unbekannte an der Renaissance oder dem Expressionismus, dem Happening, dem Unbekannten zum Bekannten, indem er das ästhetisch Aufregende, ja nicht Erklärbare auf den kulturellen Begriff bringt und in einen sogenannten historischen Zusammenhang stellt« (Bohrer, 1979, S. 374).

Vor allem in der Weitergabe von Kulturinhalten, von Erkenntnissen an ein nichtfachmännisches Publikum erfreut sich diese Spielart, die übersichtlich und stimmig macht, weiter Verbreitung. Von einem Reiseleiter oder Museumsführer, der einer Gruppe von Bildungsreisenden die Laokoon-Plastik in den Vatikanischen Museen zu erklären hat, würde man wohl eine angemessene kunst- und stilgeschichtliche Einordnung erwarten – eine Einordnung, die einzelne Züge des Werks in einen verständlichen größeren Zusammenhang rückt. Der Betrachter kommt dadurch in die Position dessen, der besichtigt – d.h., der aus Distanz Einzelmerkmale des Werks beruhigt und gelassen mustern kann, weil keine Gefahr ist, daß sie aus einem sie einschmelzenden Zusammenhang ausbrechen und den Blick verstören. Diese Art der Stilisierung von Kulturinhalten kann auf sehr unterschiedlichen Niveaus der Differenziertheit geschehen – die Mühe um den einheitlichen Gesamteindruck und um einen Überblick, der Einzelheiten als Bestandteile eines stimmigen Ganzen oder einer stimmigen Gestalt sehen und einordnen läßt, diese Mühe ist diesem Typ von Kulturarbeit überall eigen.

Die Art, wie *Lessing* seine Leser in die nachdenkliche Betrachtung der Laokoon-Gruppe hineinzieht, unterscheidet sich davon. Was tut er, um seine Leser nicht in die Haltung von Wahrheitsbesitzern zu bringen? Wie ermuntert er sie, »aufrichtige Mühe« aufzuwenden, um hinter die Wahrheit zu kommen? Denn mit bestimmten Erleichterungen und Beschleunigungen muß er ja auf dem Kriegsfuß stehen, will er sich nicht selbst widersprechen. Da ist diese Laokoon-Gruppe – dem Publikum durch Abbildungen bekannt. Ein Mann mit zwei Knaben, offensichtlich in Todesnot, von Schlangen trotz Gegenwehr gewürgt. *Lessing* setzt bei *Winckelmanns* Charakterisierung der griechischen Kunst als einer von »edler Einfalt und stiller Größe« geprägten ein:

»So wie die Tiefe des Meeres allzeit ruhig bleibt, die Oberfläche mag auch noch so wüten, ebenso zeiget der Ausdruck in den Figuren der Griechen bei allen Leidenschaften eine große und gesetzte Seele. Diese Seele schildert sich in dem Gesichte des Laokoon, und nicht in dem Gesichte allein, bei dem heftigsten Leiden« (Lessing, Zitat Winckelmann, Bd. II, 1959, S. 786).

*Lessing* zitiert die Deutung *Winckelmanns,* weil ihn die Irritation interessiert, die die Deutungsarbeit herausgefordert hat:

»Die Bemerkung, welche hier zum Grunde liegt, daß der Schmerz sich in dem Gesichte des Laokoon mit derjenigen Wut nicht zeige, welche man bei der Heftigkeit desselben vermuten sollte, ist vollkommen richtig« (Lessing, Bd II, 1959, S. 786).

Außer der Berechtigung dieser Irritation stimmt *Lessing Winckelmann* auch in dem Urteil zu, daß in diesem Mißverhältnis sich nicht etwa die Unfähigkeit des Künstlers, das »Pathetische des Schmerzes« auszudrücken, verberge. Im Gegenteil meint er wie *Winckelmann,* »daß eben hierin die Weisheit desselben ganz besonders hervorleuchtet«. Lessing interessiert nicht nur die Ausgangsirritation *Winckelmanns,* er verteidigt sie und verstärkt sie gegen dessen Versuch, sie zu deuten (und also verständlich zu machen). Über dreieinhalb Seiten ist er bemüht, mit aufwendigen Hinweisen auf die griechische Literatur zu zeigen, »daß das Schreien bei Empfindung körperlichen Schmerzes, besonders nach der alten griechischen Denkungsart, gar wohl mit einer großen Seele bestehen kann: so kann der Ausdruck einer solchen Seele die Ursache nicht sein, warum demohngeachtet der Künstler in seinem Marmor dieses Schreien nicht nachahmen wollte« (Lessing, Bd. II, 1959, S. 790).

Der gemäßigte Gesichtsausdruck Laokoons (kein »schreckliches Geschrei« läßt er vermuten, eher ängstliches und beklemmtes Seufzen) – er steht im Mißverhältnis zu dem »Schmerz, welcher sich in allen Muskeln und Sehnen des Körpers entdecket« wie *Lessing Winckelmann* anfangs zitierte. Und die Irritation durch diese Diskrepanz ist die Initialerschütterung, in die Lessing seine Leser nachhaltig einbezieht. Die sie dämpfenden Deutungen Winckelmanns räumt er energisch ab. Eine typisch griechische Seelenruhe auch in äußerster Bedrängnis kann nicht Ursache sein. Bei *Homer* und bei *Sophokles* (vorab im *Philoktet*) schreien Helden vor körperlichem Schmerz. Nicht Gelehrsamkeit wird »registermäßig« über mehrere Seiten ausgebreitet. Eine zu schnelle und zu ehrfurchtsvoll stimmende Deutung, die den Laokoon als typisch griechisch einordnen will, wird zersetzt. In ihr gibt jemand mehr zu wissen vor als er weiß. »Langsam, langsam« – meint man den Autor sagen zu hören, wenn er jetzt neu ansetzt.

Wenn nicht am Menschideal – liegt es am Kunstideal? Ist Kunst den Griechen unlöslich gebunden an die Nachahmung des Schönen? Möglicherweise, weil »die Liebe den ersten Versuch in den bildenden Künsten gemacht habe«? (Lessing, Bd. II, 1959, S. 790). Wieder führt *Lessing* seine Leser durch manche Details griechischer Kunstpraxis: wer das Fehlerhafte und Häßliche menschlicher Bildung ausdrücken wollte, mußte in Griechenland hungern, fand keine Anerkennung oder wurde mit staatlicher Gewalt daran gehindert. Häßliche Verzerrungen des Gesichts, gewaltsam veränderte Stellungen des Körpers mieden die Griechen »oder setzten sie auf geringere Gnade herunter, in welchen sie eines Maßes von Schönheit fähig sind« (Lessing, Bd. II, 1959, S. 794).

Mit starken Gründen wird die gesetzlich verankerte Durchsetzung der Schönheitsideale in die bildende Kunst gegen moderne Vorstellungen (von den Grenzen des Staats und von der nicht auf Schönheit begrenzten Rolle der Kunst) plausibel gemacht:

»Wir lachen, wenn wir hören, daß bei den Alten auch die Künste bürgerlichen Gesetzen unterworfen gewesen. Aber wir haben nicht immer recht, wenn wir lachen... Die bildenden Künste insbesondere, außer dem unfehlbaren Einflusse, den sie auf den Charakter der Nation haben, sind einer Wirkung fähig, welche die nähere Aufsicht des Gesetzes heischet. Erzeugten schöne Menschen schöne Bildsäulen, so wirkten diese hinwiederum auf jene zurück, und der Staat hatte schönen Bildsäulen schöne Menschen mit zu verdanken« (Lessing, 1959, Bd. II, S. 793)

Bildwerke strahlen aus, sind politisch wirksam – diese Erwägung stellt *Lessing* an, um den Widerspruch zwischen Gesichtsausdruck und Körpergebärde des Laokoon verstehen zu können. *Lessing* denkt nicht daran, sich an diesem irritierenden Bruch zu berauschen und ihn als Chiffre eines Unbegreiflichen etwa stehen zu lassen. Der Maler Timanthes, der die Opferung Iphigeniens durch ihren Vater Agamemnon wiedergeben wollte, vermied die drohende Häßlichkeit des schmerzverzerrten Agamemnon-Gesichts dadurch, daß er ihn das Gesicht verhüllen ließ.

»Und dieses nun auf den Laokoon angewendet, so ist die Ursache klar, die ich suche. Der Meister arbeitet auf die höchste Schönheit, unter den angenommenen Umständen des körperlichen Schmerzes. Dieser, in aller seiner entstellenden Heftigkeit, war mit jener nicht zu verbinden. Er mußte ihn also herabsetzen; er mußte Schreien in Seufzen mindern: nicht weil das Schreien eine unedle Seele verrät, sondern weil es das Gesicht auf eine ekelhafte Weise verstellet. Denn man reiße dem Laokoon in Gedanken nur den Mund auf und urteile! Man lasse ihn schreien und sehe!« (Lessing, Bd. II, 1959, S. 796).

Es hat den Anschein, damit sei die so inständig ausgegrabene und offengehaltene Irritation bereinigt. Es gehört zu den Zumutungen Lessings an seine Leser, daß er ihnen ansinnt, sich auf ein scheinbar ganz beiläufiges Detail in einem bestimmten Werk nachhaltig einzulassen und dem Sog jeder schnellen und geläufigen Einordnung zu widerstehen. *Lessing* handelt nicht abstrakt über das Wesen griechischer Kunst. Er läßt sich von einem Detail aufstören. Über viele Seiten und mit Aufbietung eminenter Gelehrsamkeit geht es um die schier detektivische Aufklärung einer schwer begreiflichen Spur. Und jeder Leser kann – ohne gelehrte Vorkenntnisse – diese Spur (wessen?) wahrnehmen. Laokoons gedämpfter Schmerzausdruck – ist er nicht auf dem Hintergrund des Schönheitsideals vollkommen erklärt? Es scheint, das Nachdenken ist am Ziel.

Ein Widerhaken, eine noch unabgegoltene Schwierigkeit kommt zu Beginn des III. Abschnitts zur Sprache. Zuweilen war im Vorbeigehen die Rede davon, daß die modernen Maler und Bildhauer auch das Häßliche darstellen (dürfen). Das Nachdenken, in das Lessing seine Leser hineinzieht, gibt sich nicht damit zufrieden, daß es nur und ausschließlich die Fernsteuerung durch verschiedenartige Kunstideale sein soll, die die qualitativen Unterschiede in der Häßlichkeitsdarstellung erklären. Die Griechen bildeten Naturschönheit in Kunstschönheit; die Neueren beanspruchen, daß »durch Wahrheit und Ausdruck das Häßlichste der Natur in ein Schönes der Kunst verwandelt werde« (S. 798). Es läßt das Nachdenken unbefriedigt, die zweierlei Kunstvorstellungen unverbunden nebeneinander zu postieren. Gibt es nichts in der Kunstvorstellung der Griechen, in dem Werk Laokoon, das nicht auch in neueren Werken Gültigkeit hätte und zum Zug kommt? Muß man sich mit der distanzierenden Einordnung begnügen – das eine sei halt griechisch, das andere modern? Das Nachdenken unterwühlt diese Aufspaltung – obwohl die Triftigkeit der Erklärung des Laokoon-Gebarens aus dem Schönheitsideal an keiner Stelle in Zweifel gezogen wird. Obwohl also das Problem befriedigend gelöst scheint, gibt sich der Autor nicht zufrieden. Vermutet er schon, die Leser könnten sich in der Geste des Wahrheitsbesitzes träge beruhigen? Obwohl er ihnen doch einiges zugemutet hat an »aufrichtiger Mühe, hinter die Wahrheit zu kommen«? Ihm reicht die Mühe jedenfalls noch nicht; die pure Herabsetzung der Affekte als Gehorsam unter ein abstraktes, alle Bildwerke sich unterwerfendes Schönheitsideal – das hat gewaltsame, dem Schaffensprozeß und dem Bildwerk äußerliche Züge. Wenngleich die Erklärung nicht anzufechten ist.

»... sollten nicht andere von ihnen (d. h. von den verschiedenen Kunstnormen in der Antike und der Moderne) unabhängige Betrachtungen zu machen sein, warum demohngeachtet der Künstler in dem Ausdrucke Maß halten und ihn nie aus dem höchsten Punkte der Handlung nehmen müsse? Ich glaube, der einzige Augenblick, an den die materiellen Schranken der Kunst alle ihre Nachahmungen binden, wird auf dergleichen Betrachtungen leiten.

Kann der Künstler von der immer veränderlichen Natur nie mehr als einen einzigen Augenblick und der Maler insbesondere diesen Augenblick auch nur aus einem einzigen Gesichtspunkte brauchen; sind aber ihre Werke gemacht, nicht bloß erblickt, sondern betrachtet zu werden, lange und wiederholtermaßen betrachtet zu werden: so ist es gewiß, daß jener einzige Augenblick und einzige Gesichtspunkt dieses einzigen Augenblicks nicht fruchtbar genug gewählet werden kann. Dasjenige aber allein ist fruchtbar, was der Einbildungskraft freies Spiel läßt. Je mehr wir sehen, desto mehr müssen wir hinzudenken können. Je mehr wir dazudenken, desto mehr müssen wir zu sehen glauben. In dem ganzen Verfolge eines Affekts ist aber kein Augenblick, der diesen Vorteil weniger hat, als die höchste Staffel desselben. Über ihr ist weiter nichts, und dem Auge das Äußerste zu zeigen, heißt der Phantasie die Flügel binden und sie nötigen... Wenn Laokoon also seufzt, so kann ihn die Einbildungskraft schreien hören; wenn er aber schreiet, so kann sie von dieser Vorstellung weder eine Stufe höher noch eine Stufe tiefer steigen, ohne ihn in einem leidlicheren, folglich uninteressanteren Zustande zu erblicken. Sie hört ihn erst ächzen, oder sie sieht ihn schon tot« (Lessing Bd. II, 1959, S. 798/799).

Die bislang entwickelte Deutung machte sich die Mühe, die irritierenden Laokoon-Züge dadurch etwas verständlicher zu machen, daß der Autor sich die Widersprüche ausmalte, in die ein Künstler kommen muß, wenn er ein extrem häßliches Körpergebaren (wie den schmerzverzerrten Todeskampf) in einem Kunstwerk darstellen will, das unter der sozial anerkannten Norm der Schönheit steht. Jetzt kommt Lessing auf die Frage, welchen Normen der Künstler aufgrund des Materials seiner Kunst unterworfen ist. Die bildende Kunst bindet den Künstler an einen »einzigen Augenblick«, das Material (der Stein, die Leinwand etc.) geben nicht mehr her. Und von dieser Norm her – die noch unlöslicher in den handgreiflichen Schaffensprozess gebunden ist als es materialunabhängige gesellschaftliche Vorschriften sein können – gewinnt die gedämpfte Haltung Laokoons eine neue, eine andere Verständlichkeit. Die Wahl des Extrempunktes der Handlung gäbe der Einbildungskraft, die sich zu dem gestalteten Augenblick etwas hinzudenken will, nichts Produktives mehr zu tun. Auch hier also bemüht *Lessing* eine Norm, die auf die Gestaltung drückt und ihr unstimmige Züge gibt – aber es ist eine Norm, die ihm im Wesen des Materials und in der Materialgebundenheit des künstlerischen Schaffens zu liegen scheint – nicht in den überholten Kunstvorstellungen einer bestimmten Gesellschaft. Womit er den betrachteten Gegenstand in den auffälligen Zügen ein Stück weit aus der historisch-musealen Betrachtung löst. Denn das Problem, mit dem sich in diesem neuen Verständnis der Künstler herumschlug, ist nicht nur eins der Antike. Mit ihm ist der aktuelle Künstler wie der aktuelle Betrachter genau so befaßt. Wenn es denn ums Betrachten, das lange und wiederholt hinschaut und sich etwas dazu denken will, geht – und nicht um den raschen Blick, der einordnet. In dem dritten Kapitel des ersten Teils von *Lessings* Schrift spinnt sich an die Erörterung von der Augenblicksbindung des Künstlers die weitere Frage an, welche Erscheinungen sich dann prinzipiell nicht für die bildhafte Darstellung eignen – und wie Künstler, die trotzdem nicht auf Extremsituationen verzichten wollen, ihre in bestimmtem Sinn unrealisierbare Absicht doch verwirklichen; das 4. Kapitel vergleicht dann die Darstellung extremer Augenblicke im Material des Dichters (das Zeitabläufe zu präsentieren erlaubt) mit der Lage des bildenden Künstlers.

Es geht hier um die Erörterung *Lessings* nicht hinsichtlich seines Beitrags zur ästhetischen Diskussion als solcher – sondern als Lehrstück einer Lehre, die die Leser nicht über Erkenntnisse informiert, die auch nicht einfach Beweise für die Richtigkeit bestimmter Lehrsätze beibringt, sondern die vielmehr die Leser in die »Nachforschung der Wahrheit« hineinzieht, und die ihm die *Lessing* kostbare »aufrichtige Mühe, hinter die Wahrheit zu kommen« nicht erspart; dem Leser werden nicht die Resultate der Mühen des Autors zuteil – hätte er das gewollt, das Resultat wäre in zehn Zeilen niederzuschreiben gewesen. Ihm werden die Mühen des Autors aufwendig zugänglich. Der flüchtige Blick von heute mag in der hier genauer betrachteten Passage des »*Laokoon*« nichts als die Demonstration einer Problemlösung sehen – wie sie die Problemlösepsychologie und die ihr folgende Didaktik immer wieder formal umschrieben hat: eine Ausgangsirritation, eine Dissonanz, eine Erwartungsenttäuschung, eine Aufgabe zu Beginn; die genauere Umschreibung des Problems; Vermutungen über mögliche Zusammenhänge, die die Unstimmigkeit erklären könnten; der produktive Einfall; die Umstrukturierung des Problemfeldes; die endgültige Klärung. Es scheint, in dieser Modellvorstellung des sogenannten Problemlöseverhaltens ließe sich *Lessings* Laokoon-Betrachtung mühelos unterbringen.

Der Schein täuscht. Weder wird die Ausgangsirritation zum Verschwinden gebracht noch wird eine endgültige Lösung gefunden, die andere Lösungsversuche aus dem Feld schlüge, so daß zum Ende der Leser in einem Blick die »endgültige Aufklärung« des sich zuvor widerspenstig gebenden Materials gewährt bekäme.

Die Irritation ist von einer bestimmten Aufmerksamkeit erst erzeugt worden, einer Aufmerksamkeit, die nicht einem Gesamteindruck vertraute, sondern Einzelheiten in Beziehung setzte: »... ohne das Gesicht und andere Teile zu betrachten«, glaubt man den Schmerz »an dem schmerzlich eingezogenen Unterleibe beinahe selbst zu empfinden« – und der betrachtende Blick, der dann zum Gesicht übergeht, er war mit der Erwartung geladen, diese selbe Schmerzintensität auch im Gesicht ausgedrückt zu sehen – dieser Blick wird irritiert. Die so von *Winckelmann* beschriebene und von *Lessing* zustimmend zitierte Verstörung des Beschauers wird mitsamt ihrer Ursache in dem Werk ja nicht wegdiskutiert oder für einen Irrtum erklärt; sie ist nicht ein Problem, dessen Widersprüchlichkeit durch eine neue Sicht sich in nichts auflöste[4]. Die harte Unstimmigkeit erweist ja geradezu ihre Hartnäckigkeit darin, daß immer neues Wissen, neue Ideen auftauchen, mit deren Hilfe sie beleuchtet werden kann. Die Schwierigkeiten und Zwänge, in die sich ein Künstler gestellt sah, der eine die Menschengestalt entstellende Extremsituation zeigen wollte und doch den

Kunstgesetzen der Schönheit und den Gestaltungsnotwendigkeiten seines Materials unterworfen blieb – diese Schwierigkeiten werden deutlich gemacht. Sie schlagen sich in dem Werk nieder. Der Bruch in dem Werk wird nicht aufgelöst, er wird deutlicher, bewußter[5]. Er bleibt in seiner sinnlich eindrucksvollen Erscheinung der beunruhigende Mittelpunkt aller Überlegungen. Und die führen ja eher zu der Frage, wieso denn Künstler überhaupt so extremes Leid darzustellen sich veranlaßt sehen – wenn denn so vieles dagegen steht – als zu einer Antwort, die den Bruch im Laokoon als eine Fehlwahrnehmung, als eine Strukturblindheit oder als eine ähnliche der Problemlösung entgegenstehende Blockierung erklärbar machte. Es geht also nicht um das, was die einschlägige formale Denkpsychologie, die inhalts- und subjektneutrale Problembewältigungsaktivitäten präpariert, in immer neuen Experimenten ausforscht – es geht nicht um die mehr oder weniger flexible, aspektreiche Lösung von Aufgaben.[6]

Die Zusammenhänge, aus denen der Bruch verständlich werden könnte, tauchen nicht in der Gestalt von Vermutungen auf, aus denen dann eine als endgültige Lösung triumphierte. Die Deutungen annullieren sich nicht, sie relativieren sich: denn es stimmt ja, daß es die Kunstgesetze waren, die zur Schönheit zwangen und die Herabsetzung der Affekte nahelegten; und mit guten Gründen zeigt Lessing, wie daneben (dagegen?) das Material den Künstler zur Wahl eines Augenblicks vor dem Extrem des Affektausbruchs zwang. Soll nun der Beschauer die Mäßigung in Laokoons Gesicht als Subtraktion im Ausdruck der Heftigkeit sehen, weil die Kunst schön zu sein hat – oder soll er sie sehen als geschickte Zeitpunktwahl, die die Einbildungskraft stimuliert? Zwei Hinsichten, die keineswegs reibungslos harmonieren und die den Abstand zwischen Deutungsversuchen und dem Bruch in der Laokoon-Gruppe bewußt machen. Der Leser sieht sich durch diese Art des immer neu prüfenden Nachdenkens keineswegs in die Position dessen versetzt, der auf dem Weg fortschreitender Problemlösung auf den Gipfel endgültiger Einsicht geführt wird; er kommt in eine Schwebe, die ihm die Mühe und die

Lust des Wahrheitssuchens spüren läßt – ihm aber den Besitz einer Wahrheit vorenthält. *Lessing* zieht seinen Lesern auch da festen Boden unter den Füßen weg, wenn sie sich nun in ihrem Urteil ganz sicher glauben – wenn sie nur noch lachen können bei dem Gedanken, daß bei den Alten die Künste bürgerlichen Gesetzen unterworfen waren. »Aber wir haben nicht immer recht, wenn wir lachen«. Und die scheinbar so endgültige Entkräftung von *Winckelmanns* Erklärung – wird sie im Fortgang nicht auch wieder fragwürdig? Wenn denn die Griechen so auf Schönheit in der Kunst bestanden – sollte das nichts mit ihrem Wesen zu tun haben, aus dem ja *Winckelmann* die gemäßigten Gesichtszüge des Laokoon erklärt hatte?

Es handelt sich um eine andere Aktivität als es die ist, eine gegebene Aufgabe stufenweise unter Verwendung des produktiven Denkens zu lösen. Weder verschwindet die das Nachdenken initiierende Irritation – sie wird nur bewußter und nachhaltiger aufgenommen; noch folgen Lösungsversuche in der Art aufeinander, daß zum Schluß der einzige und richtige Lösungsweg bleibt. Der Prozess der Annäherung kann infolgedessen nicht bei Erreichen des Ziels gleichgültig werden. Es wäre ganz unsinnig, die betrachteten 13 Seiten des Laokoon nach dem Muster eines Forschungsberichts zusammenzufassen. Denn auf ein Ergebnis, das dem Forschungsweg allein seinen Sinn gäbe, kommt es *Lessing* ja ersichtlich gerade nicht an. Jede dem Material abgerungene Erkenntnis bleibt in der Schwebe – zu anderen Deutungen, zu dem ursprünglichen Erschütterungszentrum. Kein Stufengang zur Wahrheit, bei dem der Schritt auf die höhere Stufe die niedere überholt und zurückläßt auf dem Weg zum Ziel. Nicht um das Vermehren von Erkenntnisbesitztümern geht es, sondern um das Auskosten der Beschwerlichkeiten, Erkenntnisse zu suchen, zu bestreiten, zu differenzieren. Kein lineares Voranschreiten, eher ein Umkreisen des Sachverhalts – in der Hoffnung, immer neue, überraschende Aussichten zu gewinnen, die dadurch zu denken geben, daß sie schlecht zueinander passen. Oder, weniger bildhaft: das Anzetteln eines schier endlosen inneren Gesprächs, bei dem jede Äußerung dazu reizt, deren Geltungsansprüche zu prüfen und mit Argumenten die schwachen Stellen aufzudecken und Verbesserungen vorzuschlagen.[7] Die Maximen, denen auch diese kleine exemplarische Passage des »Laokoon« folgt und die den in Schulen und Hochschulen verbreiteten Ideen von Belehrung durchaus widerstreiten, hat *Lessing* selbst formuliert:

»Ich bin nicht verpflichtet, die Schwierigkeiten aufzulösen, die ich mache. Meine Gedanken mögen immer sich weniger verbinden, ja wohl gar sich zu widersprechen scheinen: wenn es denn nur Gedanken sind, bei welchen (die Leser) Stoff finden, selbst zu denken!« (Zit. bei Arendt, 1960, S. 13) »Jeder sage, was ihm Wahrheit dünkt – und die Wahrheit selbst sei Gott befohlen« (Zit. bei Arendt, 1960, S. 51).

*Lessings* Darlegungen haben nichts gemein mit den von *Bohrer* angegriffenen Vorlesungen, die eine Materie wie Renaissance oder Expressionismus anheimelnd auf den kulturellen Begriff bringen – ihr das Unbekannte raubend durch Eingemeindung in einen kulturellen Zusammenhang. Im Gegenteil: *Lessings* Arbeit gibt der Sache die Unbekanntheit in der Weise wieder zurück, daß sie das nachdenkende Hinschauen immer wieder aufscheucht. Ein Lehrer, der nicht Wissen weiterzugeben ansetzt, sondern der den Blick verlangsamt und die schnellen Einordnungen zersetzt. Und der die Brüche freilegt. Ohne sich an ihnen zu berauschen. Lichtenberg mahnt den Prüfungsgeist, das Gefühl für die Wirklichkeit an – gegen das schnell geraffte Bücherwissen, das die Abstraktions-Verluste unspürbar macht. Lessing mahnt den aufgestörten Blick an. Im Zuge dieser Polemik deutet Lessing auch etwas über die Art an, wie er zu seinen Gedanken kommt und wie er sie aufgefaßt haben möchte.

»Sie (sc. die folgenden Aufsätze) sind zufälligerweise entstanden und mehr nach der Folge meiner Lektüre als durch die methodische Entwicklung allgemeiner Grundsätze angewachsen. Es sind also mehr unordentliche Collektanea zu einem Buche als ein Buch. Doch schmeichle ich mir, daß sie auch als solche nicht ganz zu verachten sein werden. An systematischen Büchern haben wir Deutschen überhaupt keinen Mangel. Aus ein paar angenommenen Worterklärungen in der schönsten Ordnung alles, was wir nur wollen, herzuleiten, darauf verstehen wir uns...« (Lessing, Bd. II, S. 785).

In *Lessings* Nachlaß findet sich eine Vorrede zu einer »Hermäa« zu nennenden Schrift, aus der dann »Laokoon« wurde (vgl. Hildebrandt, 1979, S. 275).»Hermäa hieß bei den Griechen alles, was man zufälliger Weise auf dem Wege fand. Denn Hermes war ihnen unter anderem auch der Gott der Wege und des Zufalls« (Lessing, 1974, S. 862).

Die Vorrede aus dem Nachlaß pointiert den Fahndungsstil *Lessings* noch schärfer als in der schließlich dem »Laokoon« beigebenden Fassung.
»Es sind Reichtümer, die ihn ein glücklicher Zufall am Wege, öfter auf dem Schleichwege, als auf der Heerstraße finden lassen. Denn auf den Heerstraßen sind der Finder zuviel, und was man auf diesen findet, hatten gemeiniglich Zehn andere vor uns schon gefunden, und schon wieder aus den Händen geworfen« (Zit. bei Hildebrandt, 1979, S. 275).

Es handelt sich nicht um eine vorgeplante Bewegung von einem im voraus bekannten Fundort zu einem anderen; auch nicht um die Fortbewegung auf allgemein anerkannter und für gut befundener Wegstrecke, die ja auch garantiert, daß die dort zur Besichtigung auffordernden Gegenstände sich einer gewissen Bekanntheit erfreuen. Hinter der Metaphorik von Schleichwegen und Zufallsfund verbirgt sich die Kritik nicht nur an der geradlinigen und vorhersehbaren Inbesitznahme von Wahrheiten. Die gar zu bekannten Gegenstände sind dem Fahndungsgeist abträglich. So viele haben sie schon in die Hand genommen: sie sind durch die Erklärungs- und Deutungsnetze der allgemein anerkannten Kultur übersponnen und dadurch dem Kulturcode so einverleibt worden, daß sie abgegriffen sind und abgenutzt. Sie bieten wegen ihrer Allbekanntheit keinen Widerstand mehr. Der Fahndungsblick rutscht an ihnen ab. Er hat es schwer, die Bekanntheitsschichten abzutragen und jene Züge freizulegen, die dem Nachspüren und Nachdenken noch etwas zu tun geben, weil sie noch nicht als eingeordnet und erklärt gelten. Auf Schleichwegen, auf denen man auf Zufälle angewiesen ist, kann es einem schon eher passieren, daß der Blick einen Gegenstand streift, der sich bei näherem Zusehen als Fund entpuppt, der aufs erfreulichste weithin anerkannte Wahrheiten zum Einsturz bringt.

Auch in der von *Lessing* veröffentlichten Fassung der Vorrede spielt das Bild von den Wegen, die sich Menschen zu Erkenntnissen bauen, eine beachtliche Rolle. Lessing rühmt »die Mäßigkeit und Genauigkeit«, mit der antike Schriftsteller wie Aristoteles, Cicero, Horaz, Quintilian »in ihren Werken die Grundsätze und Erfahrungen der Malerei auf die Beredsamkeit und Dichtkunst anwenden« (Lessing, Bd. II, 1959, S. 784). Und schreibt dann:

»Aber wir Neueren haben in mehreren Stücken geglaubt, uns weit über sie wegzusetzen, wenn wir ihre kleinen Lustwege in Landstraßen verwandelten, sollten auch die kürzeren und sicheren Landstraßen darüber zu Pfaden eingehen, wie sie durch Wildnisse führen« (Lessing, Bd. II, 1959, S. 784).

Die Landstraßen, auf denen die »Neueren« dahinziehen, meiden Umwege und sie meiden damit auch die lustvollen Berührungen der Landschaft, die verschlungene Lustpfade gewähren mögen. Sie sind »sicherer«, geschützt gegen Verzögerungen (weil einen ein Ausblick, ein Fund nicht überraschen und festhalten wird) und unvorhersehbare Gefährdungen (weil der fragile Lustpfad von Zerstörungen und Verschüttungen bedroht ist). Die kürzeren und sicheren Landstraßen, die den geradlinigen Weg zu den stabilen Wahrheiten nehmen, sie führen zur Souveränität des falschen Besitzes – falsch deshalb, weil diesen »Neueren« die Besitzerhaltung wichtiger ist als die Triftigkeit und Differenziertheit dessen, was sie da als allgemeingültige Kunstwahrheit in Händen zu haben glauben. Und diese »festen und sicheren Landstraßen« – sie führen ihre Bauherren und Benützer nicht etwa an einen Aussichtspunkt, der tatsächlich Übersicht gewährt. Die Landstraße, das Bild entgleist fast, verenden unversehens in Pfaden, »wie sie durch Wildnisse führen«. Die gewaltsame Klarheit – etwa über Regeln für Poesie und Malerei führt in tiefste Verwirrung. Die Scheinklarheit ist schlimmer als das Nichtwissen. Sie nimmt dem Geist die Kraft, hinzuschauen und über Funde neu nachzudenken – weil er in dem Wahn befangen ist, Bescheid zu wissen. Und darüber verwirren sich die wirklichen Verhältnisse vollends, weil die Illusion auf Dauer nicht aufrechtzuerhalten ist.

Wegphantasien durchdringen Kulturarbeit allenthalben – in

der Erzeugung wie in der Vermittlung. Der »Lehrgang«; die »Lernstufen«; der »methodische Weg« der Erkenntnisgewinnung; der »Gang der Handlung« in einem Roman, einem Drama – solche Wendungen deuten darauf, daß die Organisation von Inhalten auch von Weg-Bildern bestimmt wird. Gegen ein schwarzes Bild von einer schulmeisterlich-doktrinären Aufklärung zeigt sich bei *Lessing* eine deutliche Sympathie für Wegbilder, die Wege nicht als möglichst geradlinige, möglichst stabile Verbindung zwischen zwei Punkten phantasieren. Und der Forscher, auch der Lehrer ist demnach eher einer, der schlecht gebahnte Seitenpfade und Umwege unter die Füße nimmt, weil er so am ehesten der gefährlichen Illusion entgeht, er könne Wahrheiten in Besitz nehmen und weitergeben – auf festen und sicheren Landstraßen. Auch bei *Lichtenberg* taucht die Abneigung gegen die Leute, die auf den anerkannten Wegen die anerkannten Wahrheiten besichtigen oder weitergeben, immer wieder auf.

»Die Gleise oder viel mehr die gebahnten Wege sind etwas sehr Gutes aber wenn niemand nebenher spazieren gehen wollte, so würden wir wenig von der Welt kennenlernen« (Lichtenberg, Sudelbücher K 312, zit. bei Fischer, 1965, S. 102).
»Man muß heutzutage über die Hecken springen... Querfeldein marschieren und über die Gräben setzen« (Lichtenberg, Sudelbücher J 1633 und K 384, zit. bei Fischer, 1965, S. 106).
»Merkwürdige, fremd-vertraute Schräg- und Querblicke bieten sich dem Wanderer, der abseits von ›Chaussee‹ und ›Heerstraße‹ sein Forscherglück sucht« (Fischer, Lichtenberg-Texte resümierend, 1965, S. 107).

Der Blick von Chausseen und Heerstraßen sieht die Dinge in geläufigen Perspektiven – man kann nichts finden, woran der Blick haften bleibt. Der Blick dessen, der über Hecken und Gräben setzt, sieht die Dinge in überraschenden, unwahrscheinlichen Perspektiven, und er stößt auf andere Dinge als sie auf den Heerstraßen herumliegen. Das Bekannte, mit einem schnellen Blick identifiziert, ist für *Lichtenberg* das Hindernis, das die Aufmerksamkeit lähmt. Wie das?

»Herrlich, was Baco sagt... der Mensch, wo er ein bißchen Ordnung sieht, vermutet gleich zu viel« (Lichtenberg, Sudelbücher J 1068; zit. bei Fischer, 1965, S. 72).

# 1.2 Streifzüge gegen Sprachphantome

## Lichtenberg lehrt hinzuhören

Der schnelle Blick klammert sich an die Spuren von Ordnung; er übertreibt die Ordnung, die er zu sehen glaubt, um nur nicht der Verwirrung ausgesetzt zu sein, die das Ungeordnete auslöst.

»Du hast diese Züge zehnmal beisammen gefunden, aber hast du auch die Fälle gezählt, da du sie nicht beisammen gefunden hast?« (Lichtenberg, Sudelbücher F 1062, zit. bei Fischer, 1965, S. 74).

Der Kopf, der voller Schrecken ist, wenn etwas nicht zusammenpaßt, weil durch diese Unstimmigkeit eine Leere entsteht, dieser Kopf klammert sich an die Vorerfahrung, deren Regelmäßigkeit ihm Sicherheit vorspiegelt. Er sieht nur nach dem, was paßt. *Herbart* faßt, wenige Jahrzehnte nach *Lichtenberg,* diese Neigung, der der Lehrer mit seiner Lehrkunst Widerpart zu bieten habe, so:

»Die Gemütslage ist bei solchen (sc. ›welche eine Reihe von Jahren ohne geistige Hilfe zubrachten‹) sehr träge gegen alles, was sie reizen sollte zum Wechsel. Der Mensch sieht im Neuen immer nur das Alte, wenn jede Ähnlichkeit durch Reminiszenz die ganze, die gleiche Masse wieder hervorschiebt« (Herbart, Bd. II, 1965, S. 54).

Im Neuen immer wieder das Alte sehen; »ein bißchen Ordnung« so übertreiben, daß das Unpassende gewaltsamerweise auch der Ordnung unterworfen wird; das Gemeinsame in Verknüpfungen so forcieren, daß das Nichtgemeinsame unter den Tisch fällt – das sind Ausprägungen der Haltung, die *Lichtenberg* (wie auch *Lessing*) kritisiert. Und die Ratschläge, die er zur Überwindung dieser Einordnungssucht gibt, haben Züge, die den Forscher sowohl in die Nähe des Detektivs wie in die Nähe des Kindes bringen:

»An jeder Sache etwas zu suchen, was noch niemand gesehen und woran noch niemand gedacht hat« (Lichtenberg, Sudelbücher J 1363, zit. bei Fischer 1965, S. 37).

»Alle Erscheinungen, alles Wissen soviel als möglich zu beleuchten, um dabei auf etwas Eigenes zu stoßen« (J 1709, zit. bei Fischer, 1965, S. 34).

»Es ist ein gutes Erfindungsmittel, sich aus einem System gewisse Glieder wegdenken und aufzusuchen, wie sich das übrige verhalten würde, zum Exempel: man denke sich das Eisen aus der Welt weg, wo würden wir sein?« (J 1571, Fischer, 1965, S. 105).

Ähnlich wie *Sherlock Holmes* seinen Gehilfen *Watson* warnt, einem Gesamteindruck nachzugeben (s. u. S. 156f.) – weil der einen blind zu machen droht für charakteristische und befremdliche Einzelheiten – ähnlich empfiehlt Lichtenberg, auf künstliche Weise, durch Wegdenken von Teilen und Gliedern eines bekannten Ganzen, eine Aufmerksamkeit herzustellen, die zu fahnden imstande ist, weil die schnelle Einordnung mißlingt.

Wie stellt es Lichtenberg an, wie verbessert er die Bedingungen? Was unverhofft und zufällig begegnet und einfällt – auf dem ist noch nicht die Firnis des Altvertrauten oder dessen, was man schon lange näherkommen sah, und auf das man sich währenddessen wie auf einen alten Bekannten vorbereiten konnte:

»Neulich ging ich einmal in Hamburg bei der Börse spazieren in der Absicht, etwas zu sehen und zu denken zu bekommen, das ich in mein Tagebuch tragen könnte, denn fast der ganze Morgen war schon an dergleichen Einnahme leer ausgegangen« (Lichtenberg, zit. bei Fischer, 1982, S. 87).

Wenn *Lichtenberg* bei seinen Gängen sein Notizheft nicht zur Hand hatte, soll er sich Merkzettel und Papierschnitzel in Ärmelaufschläge und Taschen gesteckt haben, von denen er später die Notizen in die Sudelbücher übertrug (Fischer, 1982, S. 87). Wie ein Jäger geht er auf die Pirsch – daß der Jäger eben nicht von langer Hand her plant und weiß, was ihm vor die Flinte kommt, das gibt ihm die Chance zum Blick, der nicht abgebraucht ist; der die Firnis des Gewohnten durchbrechende Choque zittert in ihm nach. So nimmt er bezug auf die Formulierung von F.Bacon, der von der »odoratio venatica«, dem zur Jagd nötigen Geruchssinn schrieb:

»Durch das planlose Umherstreifen, durch die planlosen Streifzüge der Phantasie wird nicht selten Wild aufgejagt, das die planvolle Phantasie in ihrer wohlgeordneten Haushaltung gebrauchen kann« (Lichtenberg, zit. bei Fischer, 1982, S. 102).

Der Jäger achtet auf scheinbar belanglose Kleinigkeiten, in ihnen können Spuren seltenen Wilds stecken, das niemand auf vielbegangenen Wegen wird anzutreffen hoffen. Die wichtigen Erkenntnisse scheinen sich wie Wild zu verstecken – und man muß sie erhaschen, sie sind nicht jederzeit verfügbar, so wenig sie durch planmäßige Arbeit herbeizuzwingen sind. *Lichtenberg* denkt dem nach, »warum die meisten Erfindungen durch Zufall müssen gemacht« werden. »Die Hauptursache ist wohl, daß die Menschen alles so ansehen, wie ihre Lehrer und ihr Umgang es ansieht« (Lichtenberg bei Teichmann, Hrsg. 1983, S. 113).

*Lichtenberg* wäre als Schwärmer falsch eingeschätzt; es geht ihm nicht um das bloße Ablegen von Konventionen, um eine angeblich unverfälschte Natur herauskommen zu lassen:

»Leute die sehr viel gelesen haben, machen selten große Entdeckungen. Ich sage dies nicht zur Entschuldigung der Faulheit, denn Erfinden setzt eine weitläufige Selbstbetrachtung der Dinge voraus, man muß mehr sehen als sich sagen lassen« (Lichtenberg in Requadt Hrsg. 1953, S. 157).

Es kostet Anstrengung, die Dinge nicht oder jedenfalls nicht nur so zu sehen, wie es die Lehrer und der »Umgang« für normal halten. Die es ja für gewöhnlich gar nicht mehr spüren lassen, daß wir nicht die Dinge sehen und besprechen, sondern unsere sie zähmenden Überformungen. Sie erscheinen, in der Betrachtung unserer Lehrer und unseres Umgangs wie inventarisierte Gegenstände in einem sorgfältig verwalteten Magazin, nicht wie ein Wild, das sich verbirgt und das da auftaucht, wo man es am wenigsten erwartet.

»Ich wollte, daß ich mich alles entwöhnen könnte, daß ich von neuem sehen, von neuem hören, von neuem fühlen könnte. Die Gewohnheit verdirbt unsere Philosophie« (Lichtenberg bei Requadt Hrsg. 1953, S. 98).

Und damit meint *Lichtenberg* eine Leistung, kein Sich-gehen-Lassen. Vier Beispiele sollen zeigen, welches Wild er bei solcher Pirsch aufgescheucht hat. In allen tastet *Lichtenberg* die geläufige Sprache an. Denn in der Umgangs-Sprache schlagen sich die Gewohnheiten der Weltdeutung nachhaltig nieder und machen sich durch den täglichen Gebrauch unkenntlich. Wer Gewohnheiten bewußt machen und zersetzen will, hat hier ein Jagdrevier.

(1) »Was man so sehr prächtig Sonnenstäubchen nennt, sind doch eigentlich Dreckstäubchen« (Lichtenberg bei Teichmann, 1983 a, S. 51).

Die Stäubchen, die in bestimmten Sonnenkonstellationen im Zimmer, am Fenster unversehens auftauchen und tanzen – sie heißen »Sonnenstäubchen«. Haben sie den prächtigen Namen zurecht? Kaum doch – die Stäubchen sind unzweifelhaft aus Dreck. Die Sonne hat nur merkwürdigerweise die Anwesenheit dieser Dreckstäubchen in der Luft manifest gemacht, sie sozusagen bloßgestellt. Woher diese Aufdonnerung? Was steckt hinter der geschönten Formulierung, die faktisch doch den Dreck zu übersehen nahelegt? Und ihn als Sonne tarnt? Oder ist doch etwas dran? Gewiß, der Dreck scheint die Sonne zu brauchen, um sichtbar zu werden; aber umgekehrt gilt wohl das Gleiche. Ohne die Dreckstäubchen wäre die Sonne, jedenfalls in den Stäubchenzonen, nicht sichtbar. Ist das, was von der Sonne herkommt, immer angewiesen auf Gegenstände, und seien es Dreckstückchen? Das sogenannte Licht – kommt es auf dunklen, unsichtbaren Wegen? Und wäre infolgedessen gewissermaßen durch die Stäubchen erst zur Erscheinung gebracht? An der Sichtbarkeit dieser tanzenden Stäubchen wäre dann also der sonst unsichtbar gebliebene Dreck wie das sonst unsichtbar gebliebene von der Sonne herkommende Etwas in gleicher Weise beteiligt. So daß doch auch mit einem gewissen Recht von Sonnenstäubchen geredet werden könnte. Der zweite Teil des Wortes wiese auf die Staubstückchen, der erste Teil auf die Kraft, die sie zur Erscheinung bringt und sichtbar macht. Aber nein: die Stäubchen selbst sind nicht aus Sonne, sondern aus Dreck. Also doch: Dreckstäubchen. Die andere Redewendung suggeriert, mit ihr werde ein eindeutiger Sachverhalt bezeichnet; sie verhindert das Nachdenken über einen denkbar erstaunlichen Sachverhalt. *Lichtenbergs* Leistung liegt darin, daß er den Sachverhalt gegen die Redewendung beobachtet; und daß er einen Aufstand der neu gesehenen Sache gegen die in der Redewendung steckende Festlegung der Sache anzettelt. Und damit läßt er sich nicht nur auf die inhaltliche Bedeutung der Alltagssprache ein – er tastet zugleich auch das an, was alle für selbstverständlich und gültig halten. An einer unscheinbaren Kleinigkeit überführt er die gültigen Weltbildnormen, sofern sie in der gemeinsamen Sprache ausgetauscht und dem Nachwuchs weitervermittelt werden, einer gewissen wirklichkeitsblinden Naivität. Und stört einen Schwarm weiterer Gedanken und neuer Aufmerksamkeiten auf – wenn man den einen Satz nicht zum Bonmot verharmlost, ihn sich so vom Leibe haltend.

(2) »Ich möchte was darum geben, genau zu wissen, für wen eigentlich die Taten getan worden sind, von denen man öffentlich sagt, sie wären für das Vaterland getan worden« (Lichtenberg, 1983 b, S. 43).

Wieder eine Redewendung, die nicht aus zugespitztem wissenschaftlichem oder religiösem Sprachgebrauch stammt; wieder eine Redewendung, an der zunächst niemand Anstoß nehmen kann, weil sie allgemein gebräuchlich ist. Und wieder die Bemühung, sich vom suggestiven Druck der Formulierung zu befreien und auf das durch die Formulierung eher Verdeckte als zugänglich Gemachte zu achten. Das Ergebnis ist eine Frage – nicht einfach eine vorsichtig formulierte Gegenfeststellung wie bei den »Dreckstäubchen«. Gibt es das überhaupt, wovon da in einem Ton die Rede zu sein pflegt, der jeden solchen Einwand einzuschüchtern das Zeug hat. »Für das Vaterland« – gekämpft, gelitten, gestorben – oder auch gesiegt. Wo, wer, was ist es? Eine geographische Fläche? Ein Gefühl? Ein paar Menschen plus ein Gebiet?

Aber es muß es doch geben – denn es ist doch undenkbar, daß es das lautere Nichts ist, »für das« so aufwendige Taten geschehen? Hier wird nicht nur eine kleine Rebellion gegen eine ziemlich harmlose Alltagswendung angefacht. Hinter der Wendung »Für das Vaterland« stehen feierliche Anlässe, bei denen in Staat und Kirche Mächtige beschwörend ihre Stimme erheben – in Reden, in Gebeten; es geht um eine Wendung, die auf Denkmäler und auf Fahnen einer gewissen sakralen Weihe teilhaft ist. Liturgische Gebete »pro patria«, Bildungsgut-Zitate wie das von *Horaz* (»dulce et decorum est pro patria mori«) stehen dahinter. Um so größer wird die Leistung, bei solchen Sinn-Belastungen die Formulierung gewissermaßen hochzuheben, um nachzuschauen, nachzufragen, was darunter ist; oder, anders gesagt: die Sprache in dieser Redewendung derart zu betrachten, daß ein in ihr erhobener Geltungsanspruch (es wird ja ein Wahrheitsanspruch mit beträchtlichen sozialem Gewicht, mit beträchtlichen sozialen Folgen erhoben) überhaupt gespürt wird; und daß er dann, weil er vernommen ist, auch bezweifelt werden kann. Im ersten Beispiel ging es darum, ob das stimmt, was die Redewendung von den Sonnenstäubchen als Tatsache zu bezeichnen vorgibt; im zweiten Beispiel vom Vaterland steht die Frage, ob es das überhaupt gibt bzw. was an unbekannten Größen hinter dem sich verbirgt, das da »Vaterland« heißt und als Adressat opfervoller Taten firmiert.

(3) »Es ließe sich vielleicht ein ganzer Aufsatz über die Namen von Hunden schreiben. Melac nennt man Hunde, nach dem bekannten privilegierten Mordbrenner. Vielleicht gibt es nach der französischen Staatsumwälzung auch Namensumwälzungen unter den Hunden. Custine wäre ein herrlicher Name für einen, der viel bellt und nicht beißt, wenigstens nicht, wo er soll. Kotzebue müßte notwendig einer heißen« (Lichtenberg zit. bei Schoene 1982, S. 79).

Wer denkt schon über Hundenamen nach? Sie sind so selbstverständlich wie die Sonnenstäubchen und das Vaterland. Sie erheben ja auch nicht einmal von fern irgendeinen Anspruch auf Gültigkeit. Gerade in dem, worauf niemand acht hat, kann sich etwas verbergen, das zu heben wert ist. Ein Hundename ist mehr als er scheint – er ist nicht nur abstrakte Bezeichnung, losgelöst von Nöten und Wünschen. Die flüchten sich vielleicht an eine Stelle, wo sie niemand vermutet. Vielleicht hat *Lichtenberg* bei seinen Streifzügen die Beobachtung gemacht, daß jemand mit Erbitterung seinen »Melac« ausschimpft, seinen »Sultan« verflucht hat. Ein Hundename ist zum Rufen, zum Schimpfen, zum Loben, zum Fluchen, zum Befehlen, zum Ermahnen da; der ihn handhabt, praktiziert eine Herrschergeste. Und da sollte kein Zusammenhang sein zwischen den politischen Geschehnissen und dem, worüber sich die Menschen zu Herren phantasieren, wen sie in ihren Hund, wie spielerisch auch immer, hineinphantasieren? In diesem Spiegel müßte sich auch die »französische Staatsumwälzung«, gebrochen, wiedererkennen lassen. Oder das Ressentiment der kleinen Leute gegenüber den allzubekannten Schriftstellern von Welt. Einen Köter, der weder lesen noch sprechen noch schreiben kann, mit dem Schriftstellernamen »Kotzebue« zu rufen: *Lichtenberg* malt sich die Lust aus, die das bringen könnte. Was die Leute zu den großen Ereignissen ihrer Zeit wirklich fühlen und denken – vielleicht verrät es sich in solchen Zügen, hinter denen niemand etwas vermutet, nachhaltiger als in offiziellen Willenskundgebungen. Auch hier: die Eindeutigkeit und Harmlosigkeit der Beziehung von sprachlichen Zeichen und dem bezeichneten Objekt (dem Hundenamen und dem Tier) wird – durch scharfe, nachdenkliche Beobachtung – gelockert. Der Name zielt nicht nur auf das Tier – der Gegenstand verliert seine Massivität und beginnt zu schillern. Und die Frage nach den Erfahrungen und Wünschen wird aufgestöbert. Schließlich auch die Frage, ob nicht wichtige Züge der Geschichte unbeachtet bleiben, wenn man nur die Geschehnisse mustert, die sich auf den großen Heerstraßen abspielen und von denen jedermann glaubt, sie seien bedeutend und bekannt. *Lichtenberg* registriert nicht nur; im »*Lichtenbergschen* Konjunktiv« (vgl. Schoene 1982, S. 182) verlängert er die in den Hundebenennungen gewitterte Aufsässigkeit der Kleinen gegen die Großen, der Unbekannten gegen die Bekannten in die Zukunft; er experimentiert in Gedanken (Custine *wäre*/Kotzebue *müßte*...).

(4) (a) »Es ist kaum zu glauben, wie gelehrt der Mensch ist« (Lichtenberg, zit. bei Fischer 1982, S. 54).
(b) »Die Menschen sind so einfältig nicht als sie schreiben. Mancher hat eine bessere Physiognomie und eine bessere Theorie der Künste im Kopf

als die er im Buch vor sich hat und mit Bewunderung liest. Die Kunst ist nur, seine Empfindung unverfälscht zu Buch zu bringen. Das Beste, was die Menschen noch denken, geschieht gemeiniglich triebmäßig und erkennten sie es nur. Aber es soll alles schön und der Stil staatsmäßig sein. Es geht ihnen mit dem Vortrag wie gewissen gemeinen Leuten, die unter sich Treppe (Tempel) und bei Vornehmen Trepfe (Tempfel) sagen« (Lichtenberg, zit. bei Fischer, 1982, S. 55).

Die Beispiele (1), (2) und (3) nahmen sprachliche Wendungen aufs Korn, die das Denken dadurch in die Irre führen oder ablenken, daß sie die Existenz oder die Eindeutigkeit eines Gegenstands suggerieren. So wird die Beobachtung von Realität und das sich womöglich daran entzündende Nachdenken eingeschläfert. Das Beispiel (4) macht auf andere im etablierten Sprachgebrauch steckende Gefahren aufmerksam. Es gibt Handhabungen der Sprache, die nicht in erster Linie den Wirklichkeitsbezug abkappen, sondern den Bezug zu den wirklichen Gedanken und Empfindungen. Und zwar dann, wenn die Menschen das, was sie denken und empfinden, niederschreiben. Die Vorschriften, wie man zu schreiben habe, kanalisieren nicht nur ihre Gedanken, sondern lähmen sie und töten sie ab. Vorschriften, wie Schriftsprache, wie Fachsprache auszusehen hat, gewinnen die Oberhand; aus Angst, Peinlichkeitsgefühle zu erwecken und wegen der wenig »staatsmäßigen« Ausdrucksweise verlacht und ausgestoßen zu werden, verleugnen Menschen »das Beste, was sie noch denken«. Nicht in Richtung auf die Sachverhalte, auf das Bezeichnete problematisiert hier *Lichtenberg* Geltungsansprüche, sondern in Richtung auf die Subjekte, die die Sprache in schriftlichen Äußerungen handhaben. Hat die Äußerung Gültigkeit bezüglich dessen, was die sich äußernden Menschen wirklich selbst denken und meinen? Oder haben die Vorschriften des regelmäßigen und anerkannten schriftlichen Sprachgebrauchs die Gedanken und Intentionen aufgeschluckt? Sind die Menschen nicht intelligenter und lebendiger als das, was sie schreiben? *Lichtenbergs* immer wieder artikulierter Grimm gegen erfahrungs- und gedankenlose »Nachschwätzerei« im Wissenschaftsbetrieb seiner Zeit entzündet sich an dieser von ihm diagnostizierten Pathologie von Redewendungen und Sprachgebräuchen, die zu Phantomen geworden sind – sie machen die Loslösung von Realitäten und wirklichen (»triebmäßig geschehenden«) Gedanken dadurch unkenntlich, daß sie eine Beziehung zu beidem vortäuschen. Und zwar eine Beziehung, die im Medium alltäglicher Redewendungen oder allgemein anerkannter Fachsprachen als so selbstverständlich ausgegeben wird, daß die darin erhobenen Geltungsansprüche nur noch mit beachtlichem kritischem Aufwand überhaupt freizulegen sind.

*Lichtenbergs* Aphorismen in seinen Sudelbüchern lassen sich auf weite Strecken als solche subversive Freilegung lesen. Zwei große Errungenschaften des 18. Jahrhunderts – die Ausbreitung einer Art des Lesens, das auf viele neue Bücher geht, nicht nur auf das immer sich wiederholende Lesen weniger kanonischer Bücher, sowie die Verbreitung der Schriftsprache und die damit verbundene Disziplin des Sprachgebrauchs – diese beiden Errungenschaften stürzen *Lichtenberg* in argumentative Bedrängnis. Er glaubt zu sehen, wie diese sprachgebundenen Medien – die das Zeug haben, Menschen aus blinden und stummen Abhängigkeiten heraus zu helfen – zu Instrumenten der Denklähmung und Entmündigung zu werden drohen. Ihre Ausbreitung scheint die Gefahr in sich zu tragen, das Leben aus zweiter Hand zu befördern, also im Gewand der Befreiung, im Gewand der Ausbreitung von Wissen den Gehorsam vor Autoritäten, raffiniert getarnt, zu befestigen.

Diese von *Lessing* wie von *Lichtenberg* schon deutlich gesehenen Pathologien der Moderne faßt *Habermas* als Verödung der Lebenswelt – das in Spezialzirkeln und in Spezialsprachen eingekapselte Expertenwissen entzieht der lebensweltlich eingebundenen Vernunft viel von ihrer Kraft und ihrem Selbstvertrauen (Habermas, 1981, Bd. II, S. 482 und 486). Lichtenbergs Antwort entbehrt jeder metaphysischen Aufladung, aber auch jeder nur funktionalistischen Begründung. Das heißt, ihr fehlt sowohl das existentialistische wie das lebensphilosophische Pathos, das zum »Stirb und Werde«, zur Umkehr aus dem Uneigentlichen, zur Wendung in die Tiefen des Lebens aufruft. Es geht ihm aber auch nicht darum, durch seine Querfragen seine Leser, seine Studenten zu einer rein formal zu verstehenden Kreativität und zu kognitiver Beweglichkeit anzuregen, damit sie – im Problemsehen und Problemlösen fit gemacht – die absehbaren Schwierigkeiten des Lebens mit weniger Aufwand und mit mehr Effekt zu bewältigen imstande seien. *Lichtenberg* ist da sowohl bescheidener als auch anspruchsvoller, wenn er schreibt:

»Das Studium des Homers und des Ossians... macht's wahrlich nicht aus. Studiert euch selbst erst, möchte ich sagen, das ist, lernt euer Gefühl entwickeln und den augenblicklichen Wink desselben figieren und Buch darüber halten, laßt euch euer Ich nicht stehlen, das euch Gott gegeben hat, nichts vordenken und vormeinen, aber untersucht auch euch selbst erst recht, und widersprecht nicht aus Neuerungssucht. Hierzu ist Gelegenheit überall, ohne Griechisch und ohne Latein und ohne Englisch. Die Natur steht euch allen offen, mehr als irgendein Buch, wozu ihr die Sprache fünfundzwanzig Jahre getrieben habt. Ihr seid's selbst. Dieses hat man so oft gesagt, daß es jetzt fast so gut ist, als wäre es niemals gesagt worden. Es ist ein wahrhaftes Unglück, wenn Regeln von solcher Wichtigkeit unter einem Volke zu der traurigen Würde eines Locus communis oder einer Gebetsformel gedeihen. Man glaubt sie zu üben, wo man sie nicht übt, und, sich selbst überlassen, übt man sie oft zu der Zeit, wo man sie zu übertreten glaubt oder sich doch ihrer nicht bewußt ist. Das wird euch weiter bringen als Homer und Ossian, es wird euch Homer und Ossian verstehen lernen. Ihr könnt sie ohne diese Vorbereitung freilich lesen, aber ihr werdet nie einsehen lernen, warum sie so sehr über das seichte Flächengeschlecht unserer Zeit erhaben sind« (Lichtenberg in Requadt, Hrsg. 1953, S. 131/132).
»Bei unserem frühzeitigen und oft gar zu häufigen Lesen, wodurch wir schon viele Materialien erhalten, ohne sie zu verbauen, wodurch unser Gedächtnis gewöhnt wird, die Haushaltung für Empfindung und Geschmack zu führen, da bedarf es oft einer tiefen Philosophie unserm Gefühl den ersten Stand der Unschuld wiederzugeben, sich aus dem Schutt fremder Dinge herauszufinden, selbst anfangen zu fühlen, und selbst zu sprechen und ich möchte fast sagen auch einmal selbst zu existieren« (Lichtenberg, Hrsg. Promies, 1973, S. 115).

# 2. Die Kunst des entfremdenden Blicks

Beispiele und Begründungen

# 2.1 Der blinde Gewohnheitsblick und sein Widerpart

(Plessner)

»Die Macht der Gewohnheit läßt die sinnliche Anschauung verkümmern... Man muß der Zone der Vertrautheit fremd geworden sein, um sie wieder sehen zu können« schreibt *Plessner*. Und führt als Beispiele an: den Gewohnheitsblick, daß man an der Brandruine eines Hauses vorbeilaufen könne, ohne den veränderten Charakter des Gebäudes wahrzunehmen, bloß weil man es »dreißig Jahre lang auf seinem Platz gesehen hat« hat (Plessner 1983, S. 92); daß der etwas neu sehen kann, der »als Kind seine Heimat verließ und als reifer Mensch dahin zurückkehrte« (Plessner, 1983, S. 93).

Dasselbe, so *Plessner*, gelte für »seelische und geistige Zusammenhänge« (S. 93):

»Das Vertraute versteht sich, aber an solchem Verständnis hat der Mensch nur dann etwas für seine Erfahrung, wenn es erworben ist. Erwirb es, um es zu besitzen. Um es erwerben zu können, muß man es verloren haben, und nicht immer tut das Leben uns den schmerzlichen Gefallen, dem vertrauten Kreise uns zu entrücken. Die Kunst des entfremdenden Blicks erfüllt darum eine unerläßliche Voraussetzung allen echten Verstehens« (Plessner, 1983, S. 94).

Man muß also etwas, was man in irgendeiner Weise »hatte«, verlieren, um es in einer neuen Weise (»besitzen«, »Erfahrung«, »echtes Verstehen«) sich anzueignen. Ein Verlieren und ein Wiedererwerben – dieser Prozess, so *Plessner*, kann durch schmerzende Lebensumstände bewerkstelligt werden; und da dieser »schmerzliche Gefallen« nicht jedermann getan wird; da andererseits diese Art des »neuen Habens« offenbar nicht als beliebiger Luxus, sondern als die wirkliche Aneignung (im Unterschied zum blind gewohnheitsmäßigen Haben) zu gelten hat – schaut der Geist nach einer Art Ersatzschmerz aus; und findet ihn in der Kunst des »entfremdenden Blicks«. Der es demnach zuwege bringt, das Vertraute einstürzen zu lassen, und der auf seine Weise dadurch Bedingungen schafft, es neu zu sehen, in einer Vertrautheit zweiten Grades. »Sie (sc. diese Kunst) hebt das Vertraute menschlicher Verhältnisse aus der Unsichtbarkeit, um in der Wiederbegegnung mit dem befremdend Auffälligen des eigentlich Vertrauten das Verständnis ins Spiel zu setzen. Ohne Befremdung kein Verständnis, es ist der Umweg zur Vertrautheit...« (Plessner 1983, S. 94).

*Plessner* spricht keineswegs nur von dem Blick des Künstlers, es geht ihm (in einem Zusammenhang, der »Anschauung« von Kulturgebilden thematisiert) um die Aufmerksamkeit auch des Gelehrten, des Dichters – die letzten Sätze machen keine Einschränkungen hinsichtlich der angepeilten Akteure: es geht um Verständnis »menschlicher Verhältnisse« und Gebilde schlechthin. Und von diesem Verständnis wird gesagt, daß es sich mitnichten nur auf einer Skala abspielt, »die unten mit der Undeutlichkeit und Verworrenheit des sinnlichen Bewußtseins beginnt und oben in der Deutlichkeit und Klarheit des Gedankens endet« (Plessner, 1983, S. 93).

»Das Begriffspaar Fremdheit und Vertrautheit« ist diesem Schema gegenüber einzuführen: Fremdheit ist etwas anderes als Undeutlichkeit – und Vertrautheit etwas anderes als Klarheit. Diskontinuierliche Umschläge haben zwischen Vertrautheit und Fremdheit statt. Die theoretischen Unterscheidungen und die sehr skizzenhaft angedeuteten Beispiele *Plessners* können die Aufmerksamkeit schärfen für Phänomene; und in der Entzifferung von Phänomenen könnte dann einiges von den offenen Fragen geklärt werden, die *Plessners* Zeichnung des authentischen Wegs zum »echten Verstehen« aufwirft. Gibt es verschiedene Erscheinungsformen, innere und äußere Bedingungen des offenbar entscheidenden Vorgangs, daß das blind Gehabte fremd und fern wird? Wie soll des Näheren dieses Fremdwerden zu denken sein – Spuren des Altgewohnten bleiben offenbar im Bewußtsein, sie sind nur überlagert von anderem, das sich den gewohnten Formen nicht mehr fügt? Und welche Rolle haben die befremdenden Schübe bei der Gewinnung der neuen Vertrautheit? Werden sie ausgelöscht, oder behalten sie eine beunruhigende Hintergrundswirkung (als Drohung gewissermaßen, jederzeit wieder auszubrechen)? Ist also in der neuen Vertrautheit noch etwas enthalten von der Fremdheitserfahrung wie auch von der ersten naiv eingespielten Gewohnheit des Bescheidwissens und Verfügens? Und wie steht das Widerfahrnis, das Gebilde, dessen neue Vertrautheit gewonnen wird – wie steht es zu seinem Kontext? Wie stehen die unmittelbar sinnlichen Widerfahrnisse zu den Betroffenheiten von symbolgetragenen Gehalten?

Die Anregungskraft der Plessnerschen Überlegungen, in denen ja eine Theorie des Kulturlernens verborgen liegt, mag sich in der genaueren Betrachtung einzelner Fallbeispiele erweisen; in ihnen ist von Vorgängen die Rede, in denen die Menschen sich und Ausschnitte ihrer Welt nicht auf die Weise kennen lernen, daß ihnen etwas Undeutliches fortschreitend deutlicher wird – sondern so, daß ein Gewohntes sich unversehens anders gibt als erwartet; daß ein gewisser Schwindel entsteht – und aus ihm heraus das Mühen, wieder vertrauten Boden unter die Füße zu bekommen. Was steckt hinter diesen Metaphern?

# 2.2 Frau mit Tragetasche

Wer im neuen Wallraff-Richartz-Museum in Köln die breiten Stufen zum Souterrain, zu zeitgenössischen Kunst-environments hinunterschreitet, dessen Blick streift schlendernde Menschen, Gruppen wie Einzelne – in verschiedenen Bewegungsformen und mit unterschiedlichen Gesten; ein gewöhnlicher Anblick – einige stehen und reden, andere lesen Inschriften, andere passieren schnell einen Raum. Unter anderen lehnt eine unauffällige Frau mit Tragetasche an einer Säule, dicht bei einem großen environment (»A Portable War Memorial«). Nicht wenige Besucher, die sich allmählich diesem Gegenstand genähert haben, zeigen schlagartig Wirkung, kneifen die Augen leicht zusammen, runzeln etwas die Stirn, stoßen sich an, fangen an zu lachen. Die gänzlich unauffällige Frau wird auffällig. Sie bewegt sich überhaupt nicht. Sie lehnt sich nicht einfach etwas erschöpft an die Säule, wie der flüchtige Vorblick registrieren und deuten zu können glaubt; sie, deren Blick etwas erschöpft ins Leere ging wie so viele Blicke der Museumsbesucher; sie, deren Erschöpfung hier ganz normal und verständlich ist (weil viele nicht so ganz wissen, was sie eigentlich anfangen sollen mit diesen Gegenständen) – sie ist überhaupt keine »*Sie*«. Sie ist ein Machwerk, eine optische Täuschung, sie existiert nicht – das, was der Vorblick diesem Etwas zugesprochen hatte, eine menschliche Existenzform aus Fleisch und Blut; das trifft nicht zu. Es handelt sich um eine Fiktion, ein Phantom – sie (darf man »sie« sagen und denken?) hat Züge eines lebenden Leichnams. Alles ist »lebensecht«, was zu sehen ist, bis auf die minimalen Körperwölbungen unter den Kleidern – und es ist alles nur Schein, nur nachgemacht. Eine Puppe, sagen wir. Und doch ganz etwas anderes als eine Puppe, der die Künstlichkeit von vornherein anzusehen ist.

Neben mir saß eine Frau, 3 Meter von dem Gebilde entfernt, die ihrem Mann unversehens mit einem leisen Schrei die Augen öffnete, als ihr aufging, in welchem Irrtum sie zunächst befangen war. Und dann sagte sie vor sich hin, mit Pausen: »Das ist ja faszinierend; ist ja toll. Ich habe gedacht, da lehnt sich eine Frau an eine Säule, weil so wenig Sitzgelegenheiten da sind – und weil die alle besetzt sind. Das ist ja enorm.«

Was passiert da in den Museumsbesuchern, die diesen kleinen Schock ganz offensichtlich lustvoll erleben – sie lachen, sind auch etwas nachdenklich. Mir ging es so, daß ich mich unversehens dabei ertappt habe, die nächste halbe Stunde die eine oder andere Frau in Ruhestellung mißtrauisch bis erschreckt daraufhin zu mustern, ob sie nun echt Mensch ist oder nicht. Was zu einer sehr viel sorgfältigeren Art hinzuschauen, auf Merkmale und Bewegungsspuren zu achten, führte, als das gewöhnlich der Fall ist. Man kann seinem Alltagsverstand, seiner Alltagssicherheit in dieser fundamentalen Frage – Mensch oder Phantom – eine kleine Zeit nicht mehr trauen; und sieht sich zu einer ganz neuartigen Aufmerksamkeit veranlaßt, ja gezwungen. Denn wie blamiert sähe man beispielsweise aus, wenn man einem Phantom gegenüber sich entschuldigte (weil man drangestoßen ist); wenn man mit einem »Verzeihung« ihm einen Augenblick die Sicht nähme. Oder umgekehrt: Wie peinlich wäre es, wenn man – in der Annahme, es handle sich bei diesem ruhig stehenden Menschen wieder um eine perfekt nachgeahmte Menschattrappe – ganz nahe mit den Augen heranginge, um die technische Qualität der Nachahmungsarbeit zu mustern (was bei dem echten Phantom fast alle Besucher tun), und unversehens bewegt sich das Ding und entpuppt sich als wirklicher Mensch. Diese befremdliche Konfrontation zeigt also durchaus Nachwirkungen, es handelt sich nicht um ein punktuelles Ereignis, um eine einmalige und abgeschlossene »Problemlösung«. Die Erschütterung strahlt aus – wenn denn dieses Bild gestattet ist. Noch einmal die Frage: Was passiert da? Zunächst (Phase I) wird die Umwelt als normale Museumswelt wahrgenommen und gedeutet – hier die Ausstellungsgegenstände und dort die Besucher in den üblichen Gebärden, Kleidern, mit dem üblichen Museumsgemurmel; und diesem alles einordnenden und als normal vergegenwärtigenden Blick fällt auch die Frau mit der Tragetasche, die an der Säule lehnt, anheim. Phase II: Der Blick stockt, ändert sich, wird zum distanzierten Mustern. Das gänzlich Unauffällige wird auffällig – ein blinder Passagier hat sich gewissermaßen eingeschmuggelt in die Gruppe der Zuschauer; er tut so, als gehöre er dazu – ist in Wirklichkeit aber ein Ausstellungsgegenstand. Es ist nicht nur so, daß man dabei eine richtige, sachlich angemessene Wahrnehmungsdeutung an die Stelle einer unzutreffenden setzt, daß man sich also bloß korrigiert. Damit ist der leise Schwindel, das Gefühl, daß einem einen Augenblick der Boden der vertrauten Welt unter den Füßen weggezogen wird, nicht verständlich zu machen. Die frühere, die irrige Wahrnehmung wird als solche bewußt. Man spürt, leicht erschreckt, daß man sich ein Bild von der Welt gemacht hat; daß die so selbstverständlich wahrgenommene und gedeutete Welt jedenfalls auch das Produkt des eigenen Kopfes, seiner Wahrnehmungen, seiner Einordnungen, seiner Normerwartungen ist – und daß die daraus resultierenden Gefühle der Sicherheit und Souveränität durchaus auf schwankendem Grund ruhen; daß diese sichere und bekannte Welt schlagartig zusammenstürzen kann, wie hier bei dieser unauffälligen, erschöpften Frau in der leicht strapazierten Alltagskleidung. Der Übergang von Phase I zu Phase II war also in welcher Spur auch immer der Zusammenbruch einer Weltsicherheit; wer ihn mitmacht, sieht den ihm vorher schnell vertrauten Raum mit dem ganz normalen Menschentrubel darin mit anderen Augen: die sichere Einordnung war eine Eigenproduktion; gilt das auch für andere Gegebenheiten? Sind sie nicht so einzuordnen, so anzusehen, wie es einem geläufig ist? Ein Zwischenraum, eine Lücke schiebt sich zwischen die eigenen Wahrnehmungen und Deutungen auf der einen Seite und die Dinge, die Gegebenheiten. Die naive Verlötung des Alltagsbewußtseins lockert sich ein wenig. Ich spüre mich, meine Wahrnehmung, und dabei werden mir die Dinge, die Menschen bemerkenswert fremd – sie gewinnen unvertraute Züge.

Und in Phase III (wenn denn schon die blitzartigen Vorgänge theoretisch auseinandergelegt werden sollen) taste ich diese Umwelt mit ihren etwas fremd gewordenen Zügen neu und aufmerksam ab. Ich achte auf Gesten und Bewegungen (die Art wie Menschen ihren Arm um eine Tragetasche legen z.B.), die ich noch nie bewußt wahrgenommen habe. Unter den Normerwartungen von zuvor waren offenbar Aufmerksamkeiten, Hinsichtmöglichkeiten verborgen, die gewissermaßen aufgescheucht wurden. Sie waren von der Gewohnheit erdrückt, ihr Vorkommen war verhindert. Man sah nicht hin, sondern wußte Bescheid.

Und diese Prozesse passierten nicht aufgrund von Belehrung oder aufgrund eines Plans, der die Besucher von Zustand A nach Zustand B und C transportieren sollte.

Und in dem neuen Blick (von »III«) ist enthalten die Erinnerung an das über die Welt geworfene Bild (dem die Scheinfrau ja in unserer Wahrnehmung zunächst ihr Leben verdankte); auch die Erinnerung an den Schock des Einsturzes; und der Verdacht, die Vorsicht, es könne nicht so eindeutig und verständlich sein, was sich da vor unseren Augen abspielt. Weil wir uns eben ein Bild zu machen neigen, das illusionären Charakter hat.

# 2.3 Das Grabmal des Unbekannten Soldaten

Wer in unserer Welt groß wird, erfährt unweigerlich etwas vom »Unbekannten Soldaten« – sei es bei Kranzniederlegungen anläßlich von Staatsbesuchen, bei denen Staatsmänner sich an einem Ehrenmal des Unbekannten Soldaten verneigen, nicht ohne vorher eine Kranzschleife betont sorgsam zurechtgelegt zu haben; solche Szenen bietet TV zuhauf. Sei es auf Reisen, in Soldatenfriedhöfen, bei Sammlungen der Kriegsgräberfürsorge, sei es beim Zeitunglesen – irgendwie hat sich das Verhältnis eingespielt, es handele sich um den Inbegriff der toten Soldaten, die »keinen Namen« haben – weil sie in der Masse ihren Dienst taten. Und man habe eben den einen Unbekannten gewissermaßen als Stellvertreter herausgegriffen. Und der Besuch in Paris hat vielleicht auch noch den Eindruck vom Arc de Triomphe gezeitigt – mit dem Grab des Unbekannten Soldaten, auf dem eine ewige Flamme brennt.

Es ist dieses Wissen um den Unbekannten Soldaten gewöhnlich ein Wissen ähnlich dem Wissen, das in etwa die Bedeutung von »Sommer« und »Winter«, »Tag« und »Nacht« kennt. Man ist damit vertraut, man mag es traurig finden, daß es so etwas geben muß – insgesamt verfügt man über die Bedeutung dieser Redewendung, die eine klare Sache zu bezeichnen erscheint, in der Art des durch Gewöhnung eingespielten selbstverständlichen Habens; des »Habens« im ersten Sinn – wie es oben im Anschluß an *Plessner* näher charakterisiert wurde. Man merkt im allgemeinen gar nicht, daß es sich um irgendeine willkürliche Bezeichnung handelt, so fest ist das Wort mit der Sache verlötet; anders gesagt: die Sprache wird in dieser geläufigen Wendung durchaus »transitivisch« gebraucht (vgl. Weinrich, 1985, S. 222) – als etwas, was sozusagen ohne Trübungen den Blick zur Wirklichkeit freigibt, den »Transit« zu den Sachen reibungslos gewährleistet. Und was also den Menschengedanken den unmittelbaren Zugang zur gemeinten Sache ermöglicht.

»Weshalb wird der Soldat auf den Ehrenfriedhöfen ›unbekannt‹ und nicht ›unkenntlich‹ genannt?« hat *Heinrich Böll* gefragt. Die Frage gleicht einem Griff ins Wespennest, sie scheucht stachelige Grübeleien auf: Wie würde es wirken, wenn auf, der Inschrift eines Gefallenendenkmals zu lesen wäre: »*Dem unkenntlichen Soldaten*«? Was, wenn ein Staatsmann sich bei einer feierlichen Ansprache verspräche und von »Unkenntlichen Soldaten« redete? Lachen? Bestürzung? Nachdenklichkeit? Peinliches Schweigen? Hastige Selbstkorrektur und Entschuldigung? Jedenfalls: die weihevolle Atmosphäre, die sogenannte Andacht und Ergriffenheit, sie wäre schlagartig dahin. Oder könnte die Bezeichnung so umformuliert werden, daß es »Dem unbekannten bzw. unkenntlichen Soldaten« hieße – auf einer Gefallenengedenktafel in einer Schule, einer Universität, einer Kirche? Und kaum haben sich solche Überlegungen herausgewagt, wird deutlich: Das geht alles nicht, das würde Proteste wecken, Empörung. Pietätlos würden die Vorschläge geheißen; ein Festredner, ein Politiker müßte sich entschuldigen, wenn er an einem Ehrenmal eines Gastlandes von einem unkenntlichen Soldaten zu sprechen sich unterstanden hätte. Woher die Brisanz einer minimalen sprachlichen Änderung? Welche Minen gehen da hoch? Jeder kann dieses Experiment am eigenen Leib ausprobieren. Schlagartig wird deutlich, daß der minimalen sprachlichen Änderung von ›unbekannt‹ in ›unkenntlich‹ eine ganz unproportional größere inhaltliche Änderung entspricht. Eine Redewendung, die man seither als selbstverständliche Transitgröße zu einer Sache verbucht und verwendet hatte, wird auffällig; sie verliert ihre Monopolstellung, sie wird unversehens bewußt als eine bestimmte symbolische Kanalisierung zu der gemeinten Sache – dem Soldatentod, an den zu denken sie anregen wollte. Die Selbstverständlichkeit zerfällt, in der zuvor die Gedanken, die Bezeichnung und die Sache zu harmonieren – mit der sie in-

einander verlötet schienen. Das ist ja nur eine Bezeichnung –
so wird es dem aufmerksamen Hörer oder Leser deutlich! Im
Kontrast wird bewußt: »Dem Unbekannten Soldaten« – der
namenlose kleine Mann, der sich aufgeopfert hat; der so
selbstlos war, daß er nicht einmal persönlich Nachruhm ernten
konnte als imaginäre Entschädigung für sein Leben; der unbekannte Soldat, der dem seiner ehrfurchtsvoll Gedenkenden
noch die Gratifikation zukommen läßt, daß er (der Gedenken-
de) sich eine besonders ehrenhafte Gedenktat zugutehalten
kann: hat er doch sozusagen im Handstreich einer Weiheminu-
te etwas von dem gut gemacht, was die Härte des Krieges an
Millionen Soldaten, die niemand kennt, verschuldet hat. Zudem verschafft das Andenken an diesen Unbekannten die
Möglichkeit, sich nicht an schmutzige, deprimierende Einzelheiten erinnern zu müssen; der heroisch-allgemeine Unterton
orientiert die Aufmerksamkeit an einem kollektiven Ideal, einem Ideal-Unbekannten, der sich für etwas Großes, Bedeuten-
des hingegeben hat... So etwa dürfte die von *Plessner* apostro-
phierte Macht der Gewohnheit einspuren. Und man merkt erst
dann auf sie, wenn sie ihre Macht, ihre Unauffälligkeit verliert. Und wie geschieht dieser Einsturz? Wie kommt er zustande? Nicht durch belehrende Hinweise, nicht durch ideolo-
giekritische Analysen von Bedeutungen, nicht durch Anti-
Kriegs-Appelle. Sondern durch Komposition. In Beispiel 1
war es die täuschend ähnlich nachgemachte »Frau mit Tragetasche«, die im Museum an der Säule lehnte, an der sich eine
Aufmerksamkeit entzündete, die die eingeschliffenen Wahr-
nehmungsprioritäten über den Haufen warf – was ist echt, was
unecht? Was des Hinsehens würdig was nicht? In Beispiel 2
ist es die »täuschend ähnlich nachgemachte« Formulierung
vom »unkenntlichen Soldaten«, die die geläufige etwas anders
lautenden Wendung vom »unbekannten Soldaten« relativiert
und zum Bewußtsein bringt. Wie der Museumsbesucher einen
Augenblick seinen Sinnen nicht mehr traut, so der irritierte
Leser oder Hörer seinen doch als so verläßlich eingewöhnten
Sprachwendungen, seiner symbolischen Weltkanalisierung.
Kann man der Zuverlässigkeit, der Transit-Leistung von der

Wendung zum »Unbekannten Soldaten« noch trauen, wenn die täuschend ähnliche Wendung vom »Unkenntlichen Soldaten« so ganz andere Wirklichkeitsmassen ans Bewußtsein branden läßt: unkenntlich geworden ist da ein Mensch – verstümmelt durch Handgriffe anderer Menschen, durch Granaten, Bomben; durch Hunger, Kälte, Strapazen, Verwundungen; durch Verzweiflung, Sehnsucht, Schmerz; durch den Tod, die Verwesung. Niemand konnte ihn mehr erkennen, als er in die Erde kam, niemand könnte ihn, das Skelett, heute mehr erkennen. Die Aufmerksamkeit wird durch »unkenntlich« auf Züge des toten Soldaten gelenkt, die die andere Aufmerksamkeit ausgeblendet hatte. Bei dem »unbekannten Soldaten« werden die Gedanken von Verwesung, Verstümmelung, Entstellung abgewendet, und zwar in Richtung einer Idee. Das zuvor Selbstverständliche wird durch die kontrastierende Setzung eines Ähnlichen – nicht nur seiner Vertrautheit beraubt; es verliert auch seine Harmlosigkeit, es wird zweifelhaft; die Harmonie zwischen Gedanken, sprachlichem Symbol und Sache zerbricht – das sprachliche Symbol, das bislang als selbstverständliche Abbildung einer Sache hinging, wird in dem Moment als solches in seiner Eingeschränktheit bewußt, in dem ein täuschend ähnlich klingendes Wort an der gleichen Sache ganz anderes zum Vorschein zu bringen imstande ist. So wie der Museumsbesucher nach dem kleinen artifiziell beigebrachten Schock die anderen Museumsbesucher mit anderen Augen ansieht – mit solchen nämlich, die die naive Identifikation des Blicks mit den eigenen Erwartungen und Phantasien aufgegeben und die Zone der Unvertrautheit durchschritten haben, so faßt der Leser oder Hörer »den unbekannten Soldaten« anders auf, wenn er in ihm die ausgesparte andere Wendung des »unkenntlichen« Soldaten gleichsam mithört, mitliest.

Und ohne daß da irgendeine weitere Belehrung nötig wäre, spinnen sich nach einer solchen Initialerschütterung weitere Gedanken an den Verlust der ersten Naivität: woher rührt die merkwürdig bannende Macht dieser Formulierung vom »Unbekannten Soldaten«? Denn im üblichen Gebrauch der Wendung – in Zeremonien, auf Denkmälern, in Reden – wird ja der Anspruch erhoben, hier komme ein unstrittiger Sachverhalt auf unstrittige Weise zur Sprache; unausgesprochen wird also ein Anspruch erhoben: Wer erhebt ihn, namens welcher Autorität brauchen Redner und Denkmaltextschreiber diesen Anspruch? Und in welche Ansprüche eingebunden finden sich Leser, Hörer solcher Wendungen vor? Wenn doch schlagartig deutlich ist, daß die Ansprüche im gleichen Augenblick, in dem sie erhoben werden, auch unkenntlich gemacht werden: Üblicherweise merkt ja niemand, wie willkürlich der Aspekt auf die Sache ist, den die Rede vom »Unbekannten Soldaten« erzeugt; und niemand merkt so recht, daß es sich da um eine raffinierte Konstruktion in der symbolischen Welt der Sprache handelt, gegen deren Triftigkeit und implizit erhobenen Geltungsanspruch sich durchaus Einwände erheben ließen.

Warum merkt man das kaum? Die Plessnersche Erklärung von der »Macht der Gewohnheit«, die blind macht – aber auch die von der die Aufmerksamkeit einschläfernden Wirkung der gar zu vertrauten kulturellen Umwelt, sie beide bleiben zu allgemein und zu machtneutral. *Habermas* hat eindringlich gezeigt, wie der kultische Gebrauch der Sprache das kritische Potential der Rede gewissermaßen unter der Decke hält und abschnürt (Habermas, Bd. II, 1981, S. 282ff.). Die kultisch gebundene Sprache verlangt von den Teilhabern des Kultes den Mitvollzug – und verbietet die Distanz, die die in Sprache erhobenen Ansprüche an die Sachangemessenheit der Rede oder aber an die Autorisiertheit des Sprechers bewußt machen und problematisieren könnte. Die Zeremonie und die mittels ihrer erzeugte Atmosphäre (der Andacht, der Feierlichkeit) erträgt nicht Eingriffe von der Art des Böllschen Vorschlags. Sie erträgt nicht ihre eigene Problematisierung – ihr Ernst zerfiele; sie erträgt also auch nicht die spielerisch-ästhetische Problematisierung, die in den beiden genannten Beispielen am Werk ist. Die Zeremonie der Gefallenengedenkfeiern zerbräche, würde die Aufmerksamkeit der Feiergäste auf spielerisch ästhetische Art (das heißt ohne den Gestus der Belehrung und Ermahnung) darauf gelenkt, wie grotesk ehrfurchteinflößende Redewendungen von kaum Erträglichem ablenken.

Das Museum hat seit dem 19. Jahrhundert kultische Züge – Andacht zur Kunst, zur Geschichte, zur Natur sind auch architektonisch vorgezeichnete Haltungen, die die Besucher zu entsprechenden Gesten mit sanfter Gewalt nötigen. Und dieses andächtige Gegenüber von Beschauer und Kunst- (oder auch Kult-)Gegenstand wird durch ein Arrangement, wie es Beispiel 1 bringt, unterminiert, auf eine amüsante und auch etwas schockierende Weise unterminiert. Es wird als geworden, als zufällig, als überholbar bewußt gemacht – die Aufmerksamkeit wird ihrer eigenen Schemata bewußt und dadurch umgelenkt, ausdifferenziert, aus der konventionellen Einspurung herausgehoben. Sie gewinnt postkonventionelle Züge – insofern sie bewußt macht, daß wir es in unseren Gedanken und in unseren Symbolisierungen mit Wirklichkeitsversionen zu tun haben. Erasmus von Rotterdam, in seiner Polemik gegen kultisch stabilisierte und so gegen auslegende Gespräche immunisierte Evangeliumswahrheiten war ein Vorläufer dieser Art von Aufklärung (vgl. Lacan, 1975, S. 53).

Freilich: was mit »ästhetisch-spielerisch« gemeint ist, worin die Eigenart der nicht belehrenden, sondern ästhetisch verwickelnden Aufklärung besteht – das bedarf weiterer Erörterung. Wodurch gewinnen die Vorgänge ihre Durchschlagskraft, in denen das Haben kraft Gewohnheit zerfällt und neuartige Faszinationen entstehen? Wie sehen diese Vorgänge aus?

## 2.4 Zwischenbemerkung: Gewahr-werden ist etwas anderes als ein Problem ein für allemal bewältigen

Es handelt sich bei den skizzierten Überraschungen und den von ihnen ausgelösten Vorgängen nicht um die Bewältigung von Problemen; es geht nicht darum, bei etwas zuvor Unklarem oder Verworrenem durch schärferes Hinsehen, durch Vermutungen und deren Überprüfung, durch experimentelles Inszenieren von Varianten herauszubekommen, was wirklich der Fall ist; es handelt sich nicht um eine Aufklärungsbemühung, die Stufe für Stufe vor sich geht, die also linear abläuft und die mit dem Messer der linearen Abläufe, der Uhr, zulänglich zu fassen ist – so daß man sagen kann: jemand braucht je ein bestimmtes Zeitquantum zur Lokalisierung von Schwierigkeiten, zur Entwicklung von Hypothesen, zur Überprüfung, zur endgültigen Klärung, zur Widerlegung der irrigen Vermutungen, zur Stabilisierung der endgültigen Erkenntnis durch weitere Belege. In dieser linearen Problemlösungsfolge (die, in Varianten, immer wieder, seit *Herbart*s in den Schulen des 19. Jahrhunderts zu Tode gerittenem Vier-Stufen-Schema das Leitbild für Lernprozesse in Schulen aller Stufen abgibt) sind die in Beispiel 1 und 2 skizzierten Irritationen nur mit verfälschender Gewaltsamkeit unterzubringen. Was sich im Museum anläßlich der Konfrontation mit der »Frau mit Umhängetasche« anspinnt, ist etwas anderes als die Bewältigung der Aufgabe: Mache im Museum im Souterrain den genauen Ort aus, an dem sich eine täuschende Nachbildung eines Museumsbesuchers befindet! Vergleiche Phantom und Wirklichkeit! Registriere Gemeinsamkeiten und Unterschiede! Beobachte und vergleiche Reaktionen von Besuchern auf das Phantom!
  Aufgabenreihen dieses Typs beherrschen das Schullernen, gerade auch im Bereich der sogenannten aktivierenden oder

projektorientierten Methoden. Sie zeichnen einen Stufengang vor – wer eine Aufgabe hinter sich hat, hat sie total hinter sich und schreitet voran zur nächsten; es läge ein Fehler vor, wenn er später wieder auf Ungeklärtheiten früherer Stufen zurückgreifen müßte; und sie versetzen den Ausforscher und Aufgabenbewältiger in die distanzierte Position dessen, der von außen beobachtet, registriert, vergleicht und sich Klarheit über Tatbestände verschafft, zu denen er Abstand hält. Unschwer ließen sich entsprechende Beobachtungs- und Vergleichsaufgaben auch für die Analyse der Differenz zwischen dem »Unbekannten« und dem »Unkenntlichen« Soldaten ausdenken.

Die Irritation durch die täuschend ähnliche Phantomfigur ist nicht ein für allemal aus der Welt geschafft durch die Diagnose oder die Information »Es ist nur Schein«. Die skizzierte Irritation dient nicht dazu, »eine Nuß zu knacken«, ein Wahrnehmungsproblem zu lösen – sie bleibt als Erschütterung dessen, was wir alltäglich für wichtig, für beachtenswert, für lebendig halten am Leben. Sie wirkt weiter und verändert die Aufmerksamkeit, die in der zuvor so eindeutig und massiv scheinenden Realität die eigenen Einbildungen skeptisch und fasziniert zu gewahren beginnt; und also einen doppelten Boden, der selbst erzeugt ist. Und zu diesem Vorgang (der entsprechend auch im Soldatenbeispiel zu entziffern wäre) gibt es keinen Zutritt von einer distanzierten Außenposition; man wird seiner nur von innen, aus der Teilhaberperspektive ansichtig, nur von ihr aus ist er zu beschreiben und aufzuhellen; wie ja auch die oben skizzierten Beispiele nicht anders konnten als die innere Geschichte der Irritationen, Aufklärungen, neuen Irritationen zu erzählen. Dieses Umschlagen von Altbekanntem in Scheinvertrautes, von Scheinvertrautem in Fremdartiges, von Fremdartigem in neu und anders Vertrautes, das seinerseits wieder neue Fremdheiten zu zeitigen ansetzt – dieses Hin und Her ist es, was *Plessner* dazu brachte, das »Begriffspaar Vertrautheit und Fremdheit« neben die landläufige Deutung von Erkenntnisprozessen auf der Skala »Undeutlich, verworren – deutlich, klar« zu setzen und sie nicht auf diese Stufenfolge zurückzuführen (Plessner, 1983, S. 93).

# 2.5 Entzüge I – Etwas Weglassen

## (Kükelhaus, zur Lippe, Weinrich)

*Hugo Kükelhaus* und *Rudolf zur Lippe* beschreiben ein Erfahrungsfeld zur Wiederbelebung von Sinnenbewußtsein. In diesem Garten meditativer Selbstvergegenwärtigung gibt es Angebote, durch die Menschen dazu kommen können, sich in ihren sinnlichen Berührungen mit der Welt wieder zu spüren – im Gegenstrom gegen die routinierten Formen, Welt zu bewältigen in dem Sinn, daß die Reibungen als Verluste verbucht und deshalb möglichst klein gehalten werden. Ein Prinzip, sich in der Welt wieder spüren zu lernen, ist der Entzug selbstverständlich gewordener Ingredienzien unseres leiblichen Lebens. *Kükelhaus/Zur Lippe* beschreiben und erläutern eine »Halle des Klangs« unter anderem so:

»Manchmal bedürfen wir des weitgehenden oder völligen Entzuges allzu gewohnter Wahrnehmungen, um uns ihrer Bedeutung und Funktion bewußt zu werden. Deshalb steht hier ein weitgehend schallgedämpfter Gang zur Verfügung, an dessen Ende sich sogar eine schalltote Kabine befindet. Teils wird die eigene Stimme fremd, die Stimmung unwillkürlich, teils ist uns die Stimme versagt wie dem Postillon, dem sein Blasen im Horn einfriert. ›Was man hört, ist nicht etwa das Schallwellen erzeugende Klatschen oder Sprechen selbst; wir ›hören‹ die Luftdruckwellen, die von Körpern im Raum zurückgeworfen werden...‹ (H.K.) Wenn das Hören aufhört, verlieren wir eine wichtige Orientierung; wir verlieren aber überhaupt eine wichtige Art von Wirkungen, die von uns ausgehen. Wir werden verunsichert wie der Mann ohne Schatten«« (Kükelhaus/Zur Lippe, 1982, S. 157).

Der Zweck dieser Übung liegt nicht in einer Art Katastrophentraining – als ginge es um das Überleben in belasteten, strapaziösen Situationen. Er liegt auch nicht in irgendeiner Art von Sinnesschärfung, wie sie seit dem 19. Jahrhundert in Ausbildungsgängen von Schule und Militär häufig geübt wurde. Er liegt einzig darin, daß bewußt durchlebt wird, was sich durch

Routine und durch ausschließlich technische Verwendung der Sinneserfahrungen dem Bewußtsein entzogen hat. Wer in einem Raum die Stimme erhebt und zu sprechen beginnt und dann unversehens nichts hört, wer sich also redend und doch stumm spürt, verliert an angestammter Orientierung und Sicherheit. Und wird, bei leichten Änderungen, dessen gewahr, wie sein Stimmklang abhängt von dem Raum und seinen Qualitäten. Über »Die Leibwirksamkeit von Schallwellen« schreibt *Kükelhaus* »Sie werden nicht nur durch das Gehör wahrgenommen, sondern auch durch die Haut« (Kükelhaus/Zur Lippe, 1982, S. 152). Wer aus der schalltoten Zone wieder herauskommt, hört anders, spricht anders – in seinem Körperbewußtsein (nicht nur intellektuell) weiß er (zumindest für einige Zeit), daß das, was er hört, auch von den Dingen, den Räumen, den Wänden herrührt; daß er im Hören etwas von den Dingen um ihn abbekommt, in sich spürt – und daß er in seinem Selbstvertrauen, in seiner Sicherheit keineswegs nur von sich und anderen Menschen abhängig ist (die ihn bestätigen und widerspiegeln). Er spürt, wie schnell er sich verloren und stumm vorkommen kann – wenn nur die Dinge, die Räume nicht mehr mitspielen. Und spricht und hört vielleicht dann etwas anderes – er hört die Wände, die Resonanzkörper mit. Das ist gemeint, wenn die Autoren und Erfinder des Gartens zur Wiederbelebung der Sinne fortfahren: »Um so wirksamer erleben wir danach (sc. nach dem Erleben der schalltoten Kabine) die Klänge, die wir z.B. durch Anschlagen hölzerner Hohlkörper erzeugen können« (S. 157). Im »stummen Sprechen«, im lautlos bleibenden Klatschen haben wir unsere den Klang vorwegnehmende Phantasie gespürt; und gespürt, wie sie ins Leere ging. Und nachher: im Sprechen, Klatschen, Klappern ist unser Hören noch gewissermaßen unterströmt von der zuvor ins Leere gegangenen Phantasie – von der Phantasie – Erinnerung, daß da nichts kam. Und diese Unterströmung, die das Gehörte sozusagen auf dem Untergrund des Nichthörens realisiert – sie verschafft der Erfahrung Intensität, sie aktiviert das Hören. Im Klang die Überwindung der Stummheit, die Resonanz von den Dingen zu hören – das bringt diese Wahrnehmung in eine gewisse Schwebe; es gibt eine andere Sicherheit als es die der Routine ist, für die Klänge, Hören, Sprechen nichts als selbstverständliche Instrumente der Weltbewältigung sind; eine andere, leibbewußte Sicherheit als es die ist, die der hochtrainierte Hörspezialist aufzubringen hat, für den die die Aufmerksamkeit aufstauenden, verlangsamenden Widerstände nur wegzuräumende Hindernisse sind.

*Kükelhaus/Zur Lippe* erinnern daran, wie wir in ungewohnten, unbekannten Raumkonstellationen durchaus mit unserer Stimme wie mit Fühlhörnern umgehen, die Größe und Qualität eines Raums an den Resonanzen ausprobierend, auf den Widerhall, der uns bestätigt und uns uns selbst lokalisieren läßt, setzend: beim Sondieren unbekannter Höhlungen rufen wir hinein, in unbekannten Räumen, in denen wir z.B. zu sprechen haben, erproben wir die Raumqualität durch Sprechproben, kraft derer wir uns unser selbst in diesem Raum vergewissern.

An diesen alltäglichen Erfahrungen ist noch zu merken, in welchem Maß der Entzug vertrauter Selbstverständlichkeit zu einer Schule neuer Aufmerksamkeit werden kann. Zwischen die Sinne und die Dinge schiebt sich gewissermaßen ein Hohlraum. Und der gilt nicht als möglichst effizient zu überwindendes Hindernis – sondern als kostbare Provokation, innezuhalten, zu verweilen und sich seiner zu erinnern. Ein verwandtes Beispiel aus der Tradition des Gehens und der rhythmisierten Bewegung ist die sogenannte »Posa«, in der Geschichte des Tanzes eine bekannte Erscheinung. Jeder kann im Prinzip am eigenen Leib unverzüglich die »Posa-Erfahrung« machen. Der Aufwand besteht in einem Entzug. Man gehe einige Schritte langsam und bewußt – man zähle dabei bei jedem Schritt eine Zahl: Eins – Zwei – Drei – Vier, wiederhole diesen gleichmäßigen Viererschritt einige Mal. Dann setze man zu einem neuen Viererschritt an, zähle wieder durch, halte aber bei »Vier« inne, so daß das Zählen gewissermaßen ins Leere geht – man zählt »Vier« und schreitet nicht weiter. Und geht dann wieder mit »Eins« »normal« den alten Gang. Es ist das also eine Übung, bei der dem Gehen sozusagen in einer kleinen Phase der Raum, die reale Bewegung versagt wird –

eine Zahl lang, in der doch eigentlich nach der eingespielten Gewohnheit, geschritten werden müßte, passiert nichts. Ähnlich dem Sprechen, das in der schalltoten Kabine unhörbar wird, wird hier das Gehen sozusagen bewegungslos. Und wer es probiert, wird wahrnehmen, daß es das tatsächlich gibt: Bewegungsloses Gehen. Er wird das Phantasma der Bewegung spüren, das sich in ihm regt – er wird es spüren, gerade weil ihm das reale, das gewöhnlich mitgespürte Pendant fehlt. Eine neue, intensivierte Aufmerksamkeit wird sich auf den nächsten Schritt richten; ein Gehen findet statt, das sozusagen gegen den als möglich gespürten Stillstand angeht, ein Gehen gewissermaßen gegen den Wind. Denn wie im Stillstand das Phantasma der Bewegung spürbar wurde, so wird jetzt im Gehen das Phantasma des Stillstehens gespürt. *Zur Lippe* hat die Bedeutung der Posa für die Ermunterung des Sinnenbewußtseins nachhaltig analysiert (vgl. Zur Lippe, 1987, S. 308).

*Harald Weinrich* berichtet von verwandten Initiativen im Deutschunterricht, so von einer Aufgabe im Deutschunterricht für indonesische Sprachschüler. Ihnen wurde ein Text vorgelegt mit der Aufgabe, »daß jeder Kursteilnehmer nach seiner eigenen Wahl einen Satz dieses Textes zu streichen hatte« (Weinrich, 1985, S. 234) – eine unscheinbare Aufgabe, die zu einer »Explosion des Interesses« geführt habe (S. 234). Es ist nicht gesagt, ob die Streichung mit irgendeiner Zielrichtung zu versehen war (etwa: Damit der Text eine andere als die ursprüngliche intendierte Sinntendenz bekomme; oder: damit Überflüssiges wegfalle). Hier wird den Schülern nicht etwa ein Text vorgelegt, von dem gesagt wird, er weise bestimmte Lücken auf, Streichungen also – und die seien herauszufinden (oder zu ergänzen). Die Aufgabe besteht darin, mit dem Text zu spielen, ihn gewissermaßen zu entstellen – durch Schaffung von Leerräumen, durch Weglassen. Und das fordert, daß man sich vorstellt, wie der Text wirkt, wenn der oder jener Satz fehlt. Die Imagination wird herausgefordert, die Imagination, die sich an der Leere entzündet – und auch die Imagination, die eine Lücke schafft, sie aus dem Textgesamt heraussprengt. Und die Annahme ist, daß solche Entzüge eine neue Aufmerksamkeit für die im Text wirkenden Bedeutungen und Wechselwirkungen schaffen. Daß die stehengebliebenen Textteile dann mit anderen Augen gelesen und realisiert werden – wie wirken sie sozusagen im Licht der Lücke? Welche Bedeutungsnuance im stehengebliebenen Text war abhängig von dem gestrichenen Satz? Und wie wirkt sich das Fehlen aus? Gewinnt der stehenbleibende Teil an Kraft? Ist er bedroht von Mißverständnissen? In jedem Fall: Die »Explosion des Interesses« dürfte daher gekommen sein, daß eine andere als die Routineaufmerksamkeit des Lesens, Übersetzens, Erklärens ausgelöst wurde. Daß eine Schwebe zwischen den Wörtern und den Sachen entstand – weil die Wörter ihre unantastbare Gegebenheit verloren, sie konnten verschwinden – und was war dann mit dem Text im Ganzen? Eine Übung auf der Ebene des Unterrichts im Umgang mit Sprache, die verwandt ist den Übungen im Umgang mit Sinneserfahrungen des Hörens von Klängen und des »Gehens von Schritten«. Der Entzug von selbstverständlich Eingewöhntem entbindet Imagination und intensiviert die Aufmerksamkeit auf das Gegebene. Es verliert die Vertrautheit des bloß gewohnheitsmäßigen Habens, es stürzt in eine gewisse Fremdheit – und dabei werden Kräfte frei, die eine neue Vertrautheit suchen, ohne den Verlust, den zeitweiligen, an Souveränität zu vergessen.

Es ging nicht um die Beseitigung der Unbekanntheit und Fremdheit, die zeitweise entstanden war. Sie blieb wirksam; die neue Vertrautheit war kein Verfügen, sie blieb, wenn es gut ging, in der Schwebe. Es handelte sich nicht um eine zu nehmende Schwierigkeitsstufe auf dem Weg zu einer instrumentellen Fähigkeit. Die künstlich herbeigeführte Leere ist zu realisieren als Größe, die das zielfixierte Gehen, Hören, Lesen aufstört und die Aufmerksamkeit auf die Vollzüge selbst wendet. Tätigkeiten und Symbolisierungen werden aus den Vernietungen gelöst, sie werden als solche bewußt. Die Leistung besteht nicht in der Überwindung einer Leere nach Maßgabe eines Lückentests; sie besteht im Aushalten, im Gegenwärtighalten des Mangels. Zu ihm stachelt der »entfremdende Blick« an.

# 2.6 Entzüge II – Das allmähliche Verschwinden des sicheren Bodens

(Weinrich, Wiemer, Ionesco, Christo)

Man mag sich diese Szene vorstellen: eine Lehrperson (in Schule, Hochschule, Fortbildungskurs – wo immer) betritt den Raum und schreibt ohne weiteren Kommentar vor den Augen der Kursteilnehmer das Folgende an die Tafel:

unbestimmte Zahlwörter
alle haben gewußt
viele haben gewußt
manche haben gewußt
einige haben gewußt
ein paar haben gewußt
wenige haben gewußt
keiner hat gewußt

Vielleicht schreibt die Lehrperson auch zunächst die unbestimmten Zahlwörter allein untereinander: alle, viele, manche, einige... Vielleicht schreiben Kursteilnehmer weitere unbestimmte Zahlwörter an die Tafel, eine offene Reihe: jeder, sehr viele, kaum einer, einzelne. Im Anschluß an diese Reihung werden die Sätze gebildet: »... haben gewußt; ... hat gewußt.«

Die Aufmerksamkeit saugt sich, schon durch die Überschrift, am grammatischen Aspekt der Sprache fest. Es scheint sich um eine formale Übung zu handeln: eine bestimmte Wortart soll als solche bewußt gemacht werden; bar jeden Kontextes werden Exemplare der Wortart aufgereiht – zur Erleichterung wird auch ein sogenannter Übungssatz beigefügt, der aber ersichtlich nur die Funktion einer Staffage haben soll, weswegen er so monoton wiederholt wird. Die Aufmerksamkeit richtet sich auf die Varianten – und das sind die unbestimmten Zahlwörter. Inhalte tauchen als bloße Hülsen auf, ihre Bedeutung spielt keine Rolle mehr, sie sind zu Attrappen geschrumpft, ausgezehrt von den formalen Sprachmerkmalen. Und irgendwann im Gang dieser formalen Sprachübung (*Weinrich* bringt das Beispiel im Unterricht von Deutsch als Fremdsprache) bekommt das so begangene Übungsterrain einen Riß. Die Sicherheit des Wissens, um was es sich da handelt, schwindet. Das in die Monotonität Gestoßene, das als gleichgültig Behandelte – es zieht die Aufmerksamkeit auf sich. Sollte es sich um anderes als um eine Wortartübung handeln? Haben die offenkundigen Züge eines Grammatiktrainings eine falsche Spur gelegt? *Weinrich* meint, allenfalls mit leichter Hilfe des Lehrers könnten auch fremdsprachige Sprachschüler »leicht bemerken, was da zunächst alle gewußt haben und am Ende keiner mehr gewußt hat. Die poetische Leerstelle dieses Gedichts ist ein Vakuum, in das Landeskunde, sogar politische Landeskunde einströmt, ohne daß man sie ausdrücklich hineinzuschreiben braucht...« (Weinrich, 1985, S. 253). Das Gedicht von Rudolf Otto Wiemer ist, wie *Weinrich* anmerkt, für den Zweck des Fremdsprachunterrichts verfaßt.

Das zuvor eindeutig Aufgefaßte – die grammatische Bedeutung – verliert seine Eindeutigkeit; das als selbstverständlich Geltende zerfällt. Der Umschlag von geläufiger Handhabe ins befremdlich Ungewohnte passiert – man liest und entziffert aufs neue. Und findet einen durchaus prekären, vieldeutigen Untergrund an Bedeutung. Pur formale Sprachbetrachtung, losgelöst von heiklen politisch-gesellschaftlichen Kontroversen – sie verliert unversehens ihre Harmlosigkeit. Die Leerstelle, das Unausgesprochene, der Entzug einer ausdrücklich belehrenden Information mobilisieren die Leser, die Schüler. Ihre Nachdenklichkeit, ihre Kraft, die Lücken und Disparitäten mit Bedeutungen auszufüllen, ist herausgefordert. Auch ein Entzug – im Unterschied zu der Beispielreihe 3, aber ein Entzug, der erst allmählich als solcher spürbar wird, als Verlust des Behandlungsrahmens der vorgegebenen Wörter; eine Grammatikdemonstration ist es denn doch wohl nicht, wiewohl es alle äußeren Anzeichen einer solchen hat und behält.

Dieses Schwanken der Bedeutungszulegung ist es, worauf es dem Lehrer, dem Gedichtschreiber offensichtlich ankommt – nicht die Ausfüllung eines Mangels an Kompetenz oder Information. Und zwar nicht aus Lust am Taumeln im Unbestimmten, sondern weil in diesem Schwanken Kräfte der Imagination und des Nachdenkens frei werden, in denen sich der Angesprochene selbst bewegt (und nicht durch Belehrungs- oder Informationsinstrumente von Zustand A zu einem vorhersehbaren Zustand B bewegt wird).

Diese Art der Lehre – die »mit der Fremdheit paktiert« (Weinrich, 1985, S. 241) und also nicht auf Vernichtung von Fremdheit durch Informationspakete oder Trainingsprogramme aus ist, sie kann man, nach *Weinrichs* kühner und die landläufige Didaktik herausfordernder Formulierung, »von den schönen Künsten und nur von ihnen lernen« (Weinrich, 1985, S. 240).

Es handelt sich bei dieser Verwendung eines poetischen Gebildes bewußt nicht um einen beabsichtigten Beitrag zur literarischen, zur ästhetischen Erziehung. Es handelt sich um Unterricht in formalgrammatischer Sprachbetrachtung – aber eben nicht nur um ihn; es handelt sich um die Initiation in eine Nachdenklichkeit über politisch-historische Zusammenhänge, die gewöhnlich mit leeren Reden überdeckt werden – aber nicht nur um sie.

Freilich: Für eine Vorstellungswelt, die die ästhetische Erziehung strikt isoliert (sei es vor- oder nebengeordnet zu anderen Fächern) von formalem Sprachunterricht oder von politischer Landeskunde – für sie ist diese Fachgrenzen unterminierende Aufmerksamkeit bedrohlich. Sie wird als unzulässige Grenzverwischung abgewehrt. Eine »poetische Leerstelle« eines Gedichts wurde virulent gemacht, nicht um literarisch-ästhetische Kompetenzen zu fördern, sondern um den leicht formal leerlaufenden Grammatikunterricht mit dem Unterricht über Sachverhalte (mit Landeskunde) in Verbindung zu bringen; beide Lernbereiche so ins Spiel zu bringen, daß sie sich gegenseitig ihrer selbstverständlichen Autarkie berauben. Der Leser, der Schüler soll in diese Schwebe kommen, in der das

Vertraute unvertraute Züge gewinnt – und in der dem Unvertrauten vertraute Züge abzugewinnen sind, immer wieder, also nicht nach Art eines Programms, das Schwierigkeiten ein für allemal zu überwinden vorschreibt.

*Weinrich* bringt weitere Beispiele dafür, wie man bei Poeten in die Schule gehen kann, um mittels ihrer Künste etwas zu lernen, was landläufigerweise als Sache von Fachspezialisten und von psychologisch aufgeklärten Didaktikern gilt:

Empfindungswörter
aha die deutschen
ei die deutschen
hurra die deutschen
pfui die deutschen
ach die deutschen
nanu die deutschen
oho die deutschen
hm die deutschen
nein die deutschen
ja ja die deutschen
*Rudolf Otto Wiemer* (zit. bei Weinrich, 1985, S. 238).

Man meint zunächst, man wüßte Bescheid; man spürt – vielleicht – leicht verärgert eine Monotonie, fühlt sich veralbert; und um die harmlos aneiandergereihten Ausrufe, die nichts anderes als eine Häufung einer Wortart zu sein scheinen, bildet sich eine Aufmerksamkeit, die nicht mehr Bescheid weiß. Die um die formal gereihten Wörter unbekannte und unbequeme leere Zonen wittert, die Ergänzungen phantasiert; die nach weiteren Ausrufen sucht. Es beginnt im Leser zu arbeiten. Das scheinbar rein formale Wortgeplänkel wird auf eine dosierte Art durchlässig für Realitäten – und die Realitäten erscheinen merkwürdig gebrochen und fragmentarisch, weil sie gewissermaßen durch das Nadelöhr, durch die enggeführte Form dieser aufgereihten Ausrufe mit Empfindungswörtern hindurch müssen. Sie sind dadurch ihres Kontextes beraubt (man erfährt nichts von der Situation, in der z. B. »Nanu die deutschen« paßt), sie sind spezifisch entstellt. Genauso ist die Sprache spezifisch entstellt. Ähnlich wie Rhythmus und Reim als eingeführte Formen der »Überdetermination« (vgl. Weinrich, 1985, S. 234ff.) einen Text auffällig machen und die Aufmerksamkeit durch Akzentuierungen und Wiederholungen auf Qualitäten des symbolischen Gebildes selbst lenken (so die Durchlässigkeit zum Inhalt dadurch ein wenig erschwerend) – ähnlich diesen eingeführten Verfahren verwendet *Wiemer* die Häufung einer bestimmten Wortart, um die Sprache zu entstellen und so Aufmerksamkeit, nichtroutinierte, auf sie zu ziehen. *Weinrich* berichtet von einem Lehrbuch des Französischen für Ausländer. In einem Kapitel werden die Namen der Körperteile eingeübt:

»Handelnde Personen sind Marie-Jeanne und der Parfumeur. Marie-Jeanne kommt zum Parfumeur in den Laden und verlangt in genau dem beiläufigen Ton, den man sonst beim Einkaufen einschlägt, ›ein neues Gesicht, mit allem, was dazugehört‹ (avex tous les accessoires indispensables). Und nun bekommt sie nach und nach eine Nase, nein, auf Wunsch zwei Nasen, sodann zwei Augen – oder braucht man diesmal vielleicht nur eines? Aber zwei Augen, mindestens zwei Augen sind besser für den Fall, daß man jemandem ein Auge zukneifen will, wozu Marie-Jeanne sogleich auch die Gebrauchsanweisung erhält. Nach diesen Erfahrungen will sie natürlich auch mehrere Münder haben, einen zum Essen, einen zum Trinken, einen zum Küssen, einen zum Kauen und einen... zum Reden. Auch über das Kinn, ob in einfacher Ausführung oder als Doppelkinn, gibt es eine länger Diskussion, und schließlich empfiehlt der Parfumeur seiner Kundin... ein drittes Kinn, um dem Ehemann etwas vorzulügen: un troisieme menton pour mentir a votre mari« (Weinrich, 1985, S. 257).

Der Lehrbuchbenutzer findet sich in einer alltäglichen Ladenszene vor, der Dialog setzt mit den üblichen Floskeln ein. Man glaubt zu wissen, woran man ist – es wird gefragt, angeboten, verkauft. Und da glaubt man unversehens, daß man sich verlesen hat – Gesichtsbestandteile, Debatte zur Zahl der Augen, über diverse Kinne und ihre Funktionen, angetrieben auch noch von Sprachspielereien (mentir – menton). Die Erwartung wird aus der Bahn geworfen, es handelt sich auf einmal nicht mehr um einen Realdialog – anderes sickert ein, Verrücktes. Oder ist es doch nicht so verrückt, so realitätsfern, wie es den Anschein hat – spricht es nicht die geheimen Wünsche sowohl des Verkäufers wie auch der Kundin an? Hätte er nicht am liebsten Nasen, Augen, Kinne zu verkaufen – und sehnt sie sich nicht nach solchem, das Angebotene auf diese Wunschbilder hin verlängernd? Der Dialog scheint zu entgleisen, er scheint ins Absurde umzukippen – der Alltag wird entstellt, so mag etwas in dem Leser, der doch Französisch lernen soll, protestieren. Aber die Entstellung hat einen solchen Charakter, daß kraft ihrer sich eine neue Aufmerksamkeit auf die alltäglichen Geschehnisse und Dialoge in dem Parfümerie-Laden einstellt. Die Entstellung wirft aus der Bahn des Gewöhnlichen und des Erwarteten – und sie öffnet merkwürdigerweise die Augen auf das, was doch durch die absurde Darstellung entstellt worden zu sein schien. Und man kann der Meinung sein, daß die Häufungen von Alltagsdialogen, wie sie in Sprach-Lehrwerken sich finden, gerade das nicht in die Wege leiten, was zu bewerkstelligen sie vorgeben. Dieser Kerngedanke von *Weinrichs* Kritik an einer Sprachdidaktik, die durch Einbezug von Alltagssprache den Unterricht beleben und die Schüler aktivieren will, läßt sich an dem zitierten Lehrbuchbeispiel illustrieren. Ein realistischer Ladendialog, in dem die Worte für Körperteile vorgeführt würden, verliefe in lehrbuchüblichen Bahnen – frei von Überraschungen. Der hier zitierte Text bringt den Leser dazu, daß er einen Moment lang seinem Verstand nicht traut – er gleitet ins Irreale, der Text, obwohl er die realistische Diktion beibehält. Diese beibehaltene Form, die so gar nicht mehr zum Inhalt paßt, zieht also Aufmerksamkeit auf sich – ebenso der Inhalt, der abstrusen Traumcharakter hat und sich als banalen Alltag gibt. Und diese Entstellungen mobilisieren im Leser, im Schüler etwas, was ein plattes Verkaufsgespräch kaum freisetzen würde: Phantasie, die die Brüche umspielt. Das zitierte Lehrwerk »Mise en train« stammt in seinen Dialogen, der grammatischen Progression angepaßt, von *Eugène Ionesco* – seltener Fall, daß ein Poet einen Lehrtext verfaßt hat. Das Vertraute gleitet ins Unheimliche und Verrückte und diese künstlich hergestellte Fremdheit gewinnt faszinierende Züge, wird variiert und ausgearbeitet, wobei die scheinbar so stabilen Ausgangsvorstellungen über »real« und »absurd« ins Wanken kommen. Die Mittel der Kunst erweisen sich als Mittel der Lehre; ein künstlich Fremdheit schaffender Text kann – so *Weinrich* – mehr vom Alltäglichen und seiner Absurdität aufdecken als ein Tonbandprotokoll.

Ein letztes Beispiel für Entstehung von Aufmerksamkeit durch das Kunstmittel dosierter Entstellung:

*Christo*, der Künstler, der bei uns mit dem Wort ›Verpakkung‹ gehandelt wird, hat einmal einen riesigen orangefarbigen Vorhang quer durch das Tal des Colorado River gespannt »Stoff in den Falten des Windes, der ihn zerreißen wird« (Zur Lippe, 1987/b S. 42). *Zur Lippe* schreibt über *Christo*s Werk:

»*Christo* erlöst Landschaften und Gebäude für einen Augenblick der Geschichte von ihrer Zwangsidentität mit der Postkartenansicht. Er gibt ihnen ihre Würde wieder, ein Leben nach eigenem Maß zu führen, und uns die Scham und das Begehren und die Lust... Lassen wir die Dinge in den Hüllen einmal ausruhen von dem, was unsere Blicke sie zu sein zwingen« (Zur Lippe, 1987, S. 36).

Der eingepackte Reichstag in Berlin, der eingepackte Pont Neuf in Paris – sie sind in ihrem Umriß, schattenhaft, sichtbar. Für das Auge, das Gegenstände fixiert und bestimmte Kategorien fix zuschlägt, für dieses Auge sind die Gegenstände entstellt, fast oder ganz unkenntlich gemacht. Wie das Tal des Colorado River. Der identifizierende und die Welt verwaltende Blick sieht nichts als Behinderung seiner Tätigkeit und Entstellung von Wirklichkeit. Er könnte sich das »Einpacken« allenfalls als Trainingsübung verständlich machen – als Anstiftung zu einem Wettkampf, wer die präziseste Erinnerung zu mobilisieren vermag (und etwa der Brücke, dem Reichstag am korrektesten bestimmte Merkmale aus dem Kopf zuordnet). *Zur Lippe* charakterisiert den Sinn der Entstellungen anders:

»In *Christo*s Werk scheint mir der Vorhang im Tal bei Colorado am unmittelbarsten ein Bild dafür zu geben, was in uns vor dem Verpackten und Verhangenen geschieht. Quer über die Talsohle sperrt ein riesiges Tuch von Höhe zu Höhe den Blick. Die gewohnte Landschaft dahinter ist uns entzogen; die unbekannte Landschaft, die doch das vor uns liegende Tal fortsetzen muß, ist nicht da. Unsere Blicke stauen sich an diesem Einhalt. Sie stauen sich so lange und so gewaltig, daß unsere ganze Erwartung sich drängend gegen diesen Vorhang sammelt. Wir füllen dieses Tal mit unserer Bereitschaft zu sehen wie einen Stausee« (Zur Lippe, 1987, S. 43).

Die Routine wird gezielt unterbrochen, der Blick findet nicht das Altgewohnte und infolgedessen verläßlich Erwartete – er findet das Bild nicht, das er sich von den Dingen, von der Landschaft gemacht hat; und das sich immer neu bestätigt. Wie die oben zitierten Sprachbeispiele durch gezielte Deformationen die eingeschliffene Sprachhandhabung aus der Bahn geworfen haben – so wirft die verhüllte Landschaft das eingeschliffene Sehen aus der Bahn. Aus Erinnerung und ungewisser Vorwegnahme staut sich der Blick; er wartet, er entläßt neue, unbekannte, fremdartige Bilder von dem Unsichtbaren hinter den Tüchern aus sich. Eine Einstellung, die nicht von der Wirklichkeit ablenkt (wie der common sense vermuten könnte) – sondern die sie spürbar und gegenwärtig macht – und zwar dadurch, daß sie die Bekanntheitsroutinen zersetzt. Die zum grammatische Lehrbeispiel verstümmelte Sprache kann ebenso das Bewußtsein für das in der routiniert gebrauchten Sprache Versteckte schärfen wie das grotesk vorhangverhüllte Tal ein Hinschauen freigibt, dessen Intensität nie entstanden wäre ohne diese Verhüllung.

Wenn der Vorhang wieder weg ist, dann ist doch dieses Vakuum nicht verschwunden – so jedenfalls die Hoffnung des Künstlers. Hätte es sich nur um Training zur Schärfung der Wahrnehmung gehandelt, wären diverse Wahrnehmungsschwächen nunmehr ausgeräumt. Es handelt sich aber um einen Stoß aus der Besitzerattitüde, der Attitüde des Kenners und Könners:

»Vielleicht haben wir uns als Besitzer gefühlt, doch so sehr als Besitzer, daß wir sie (sc. die Dinge) gar nicht mehr gesehen haben... Wenn der erste Schnee auf die Stadt, auf den Berg, auf die Felder gefallen ist, begegnen wir ihnen so neu wie der Schnee weiß ist. Unter der Hülle wird das Bekannte fremd und vertraut« (Zur Lippe, 1987, S. 37).

Der liturgische Brauch in der katholischen Kirche, zwei Wochen vor Ostern alle Kreuze und Kreuzigungsdarstellungen mit einem violetten Tuch zu verhüllen, bis im Karfreitagsgottesdienst das eine Kreuz unter feierlichem Gesang phasenweise neu enthüllt wird – dieser liturgische Brauch birgt den alten

Sinn. Das Verhüllen macht »das Bekannte fremd und vertraut«.

Es handelt sich hier – und das hat *Plessner* scharf gesehen – um Vorgänge der Weltaneignung, die nicht auf einer Skala einzutragen sind, die auf Stufungen vom Unklaren und Verworrenen zum Klaren und Geordneten geeicht ist. Es handelt sich nicht um Perfektionierung der Kompetenz, Probleme zu lösen und nicht um das Vermögen, Nichtwissen durch Wissen zu ersetzen.

Die landläufigen Vorstellungen des Lernens und Belehrens, die landläufigen Formen der Kultur- und Erkenntnisvermittlung sind aber von diesen Denkbildern besetzt. Ihr Monopol ist anzutasten. Die in diesem Kapitel skizzierten Beispiele sind ein Schritt daraufhin.

Das Ungewohnte, das Fremde, das Unbekannte – diese Umschreibungen dessen, was die Stürze aus dem Allzuvertrauten freisetzen und was also »echtes Verstehen« *(Plessner)* erst ermöglicht, diese Umschreibungen sind sehr formal; losgelöst von inhaltlichen Zusammenhängen können sie leicht zum didaktischen oder werbetechnisch einsetzbaren Trick entarten. Man baut Lücken, Doppelbödigkeiten in Sätze, Gesten, Bilder, Klänge ein, um punktuelle Aufmerksamkeit zu erzwingen, mit dem Ziel von Leistungs- oder Umsatzsteigerung. Interesse, Mobilisierung von Phantasie, Lockerung der eingeschliffenen Verbindungen von Gedanken, Symbolen und Sachen, spielerisches In-die-Schwebe-kommen allein – das kann zum sportiven Trick werden.

Um Unterschiede zu solchen instrumentellen Verwendungen herauszubekommen, fahnden die nächsten Abschnitte nach weiteren Beispielen von Vorgängen, in denen Menschen etwas befremdlich, schwierig, widerständig wird – und in denen solche Befremdungen eine Annäherung ermöglichen. Der Gegenstrom gegen die geläufige Kennerschaft – bei pädagogischen Aktivitäten, bei Künstlern, bei Kindern ist er auszumachen. Ist er näher zu bestimmen?

# 2.7 Tote Wörter und tote Bewegungen

## (Sklovskij, Kükelhaus, zur Lippe)

In dem Aufsatz »Die Wiedererweckung des Wortes« behauptet *Viktor Sklovskij:* »Das älteste poetische Schaffen des Menschen war die Erschaffung der Wörter. Jetzt sind die Wörter tot, und die Sprache gleicht einem Friedhof; eben erst geboren war aber das Wort lebendig bildhaft« (Stempel [Hrsg.], 1973, S. 3). So meint das (russische) Wort für »Mond« ursprünglich »der Messende«; »Kummer« und »Trauer« bedeutete ursprünglich das, »was brennt und sengt« (S. 3). »Im Wort ›Regen‹ ist der Begriff des klein Zerteilten schon erhalten, aber das Bild ist tot...« (S. 5). *Sklovskij* gesteht zu, daß die praktische wie die mit ihr darin verwandte wissenschaftliche Sprache darauf aus ist (oder sein muß), »einen logischen Gedanken kurz und vollständig« auszudrücken (S. 17); der sachliche Telegrammstil, Abkürzungen sind ihm Beispiele für die Ökonomie sprachlicher Mittel zur möglichst direkten, reibungsarmen Erreichung des Ziels. »In der schnellen praktischen Rede werden die Worte nicht vollständig ausgesprochen, im Bewußtsein erscheinen kaum die ersten Laute des Namens« (Sklovskij in Striedter [Hrsg.], S. 13). Die ideale Form dieser eindeutigen, rasch zu handhabenden Kürzel, in denen Worte alter Art verschwunden sind, zeigt sich in der Algebraisierung, in der die Dinge durch Zahlsymbole ersetzt sind (a.a.O. S. 13). Wenn ein Einkäufer dreihundert Stück Nr. 17 anhand des Katalogs 26 A bestellt, so ist das praktischer als wenn er die Artikel bei ihrem vollen (und vielleicht ablenkende Assoziationen weckenden Namen wie z.B. »Christbaumständer«) nennen müßte; und als Benützer öffentlicher Verkehrsmittel, der Fahrscheine Automaten entnimmt, sieht man sich unversehens in der Lage, daß man nicht an der Haltestelle »Festhalle« oder

»Theaterplatz« eingestiegen ist, sondern am Haltepunkt 192 bzw. 303 – auch nicht an einem Wochen- oder Monatstag mit einem bestimmten Namen, sondern am Tag 42 oder 365. Durch diese Algebraisierung, die ihre Vorläufer in Abkürzungen und Spezialsprachen mit Sonderkürzeln hat, werden die bestimmte Tatbestände bezeichnenden Symbole von allem gereinigt, was ablenkende Phantasien (Erinnerungen, Hoffnungen, Ängste) mobilisieren könnte. Denn die sind in dem praktischen Zusammenhang unnütz. Je ausschließlicher Worte in solche zweckrationalen Zusammenhänge eingebaut werden, um so störender und überflüssiger wird jede überschüssige Mitgift an Bedeutung. Und die Bild-Mitgift – die etwa in (russisch) »Regen« das »klein Zerteilte« mit hören läßt, die in »Kummer« etwas wie »Brennen und Sengen« mitaufführt – stirbt ab; die Produktion dieser Worte, die nicht einfach Tatbestände bündig bezeichneten, sondern Erfahrungen aufrührten und in eine Phantasiebeziehung der Stellvertretung brachten – die nennt *Sklovskij* »poetisch« – in einem Sprachgebrauch, den jüngst *Sloterdijk* wieder aufgegriffen hat (Sloterdijk, 1986, S. 17f.). Dem praktischen oder wissenschaftlichen Sprachgebrauch ist nicht jedes Recht bestritten, wenn *Sklovskij* konstatiert, daß bei dieser Bild-Erosion von Sprache das Gefühl für die Wirklichkeit abstirbt:

»Bei dieser algebraischen Methode des Denkens faßt man die Dinge nach Zahl und Raum, wir sehen sie nicht, sondern erkennen sie an ihren ersten Merkmalen. Der Gegenstand geht gleichsam verpackt an uns vorbei. Nach dem Platz, den er einnimmt, wissen wir, daß er da ist, aber wir sehen nur seine Oberfläche. Unter dem Einfluß einer solchen Wahrnehmung trocknet der Gegenstand aus, zuerst als Wahrnehmung, dann aber wirkt sich das auch auf die Hervorbringung des Gegenstandes aus...« (Sklovskij bei Striedter [Hrsg.], S. 13).

Im Sprechen, im Wahrnehmen, im Handeln hat dann kraft der Algebraisierung eine Tendenz statt, die zu »größter Ökonomie der Wahrnehmungskräfte« führt – man handhabt Dinge, die nicht mehr im Bewußtsein erscheinen; und zwar weil das der Handhabung Gegenläufige, ein im Wort verstecktes Bild, ein zwischen Bildern spielendes Bedeutungsgewebe, liquidiert ist.

*Sklovskij* macht sich stark für die »Wiedererweckung des Wortes durch den Dichter«[10], der den Gegenstrom gegen den die Worte algebraisierenden Verstand virulent machen soll. Die auf Sachlichkeit und Eindeutigkeit zugerichteten Wörter verflüchtigen die Welt; die Gegebenheiten schrumpfen dem Bewußtsein zu Phantomen, die Merkmale tragen. Und zwar, weil die Meinung ist, man könne mit den in der Sprache angelegten Bildwelten umgehen wie Erwachsene mit Kinderspielzeug verfahren.

In dem von *Rudolf Zur Lippe* und *Hugo Kükelhaus* vorgestellten Garten meditativer Selbstvergegenwärtigung spielt die »Schule des Gehens« eine beachtliche Rolle. Die dort vorgestellten Übungen haben Ähnlichkeit mit *Sklovskijs* Streben, in den Wörtern das durch die technische Routine Abgeblaßte wieder stark zu machen. So bieten *Zur Lippe/Kükelhaus* Übungen, in denen das Gehen erschwert wird; etwas von den Widerständen, gegen die es einst gelernt wurde, wird systematisch wiederbelebt. Einem bestimmten praktischen Bewußtsein mag das so sinnlos erscheinen wie das Aufscheuchen von Bildbedeutungen in der Sprache, die doch der zügigen Weltbewältigung zu dienen hat.

Da gibt es beispielsweise die Übung, zu einer Insel in einem kleinen Teich über einen Kettensteg (Balken auf Ketten, die aufgehängt sind) zu kommen:

»Auf dem Kettensteg balancieren wir mit Armen, Rumpf und Beinen, um den unerwarteten Bewegungen der Balken gegeneinander zu folgen, aus denen die Brücke gebaut ist« (Kükelhaus/Zur Lippe, 1982, S. 81).

Oder – als Alternative – über Trittsteine:

»Die flachen, großen Steine liegen fest und dicht nebeneinander, so daß Besucher ihre Schritte ohne Anstrengung und Gefahr auf sie setzen können. Die Wassertiefe ist gering... So bewirkt die Einbettung der Steine in die Wasseroberfläche, von der sie sich kaum abheben, nur, daß man seine Schritte behutsamer, bewußter ausführt« (Kükelhaus/Zur Lippe, 1982, S. 83).

Eine steinige Stufenanlage, einen Steilhang hoch, ist barfuß zu ersteigen – rechts und links des Stufenwegs mit verschiedenartigem Untergrund wirbeln strömende Wasserkaskaden den Abhang hinunter:

»Die Füße selbst werden, indem sie sich verschiedenen Materialstrukturen anpassen, ja sie zunächst erst erprobend ausmachen, außerordentlich belebt... Es (sc. ein dynamisches Gleichgewicht) entfaltet sich über den Bukkeln und Kanten, Sandflächen und Steinen, Holzbohlen und Kieseln die Einheit von kleinmotorischen Fußbewegungen und großmotorischen Haltungsveränderungen, die wir ›greifenden Gang‹ nennen können« (Kükelhaus/Zur Lippe, 1982, S. 111). »Die Schritte werden um so bewußter vollzogen, als sie im leicht ansteigenden Gelände verzögert werden. Zugleich aber werden sie beschwingt durch den ihnen entgegenströmenden Lauf des Wassers in der Reihe kleiner Schalen. Dessen Bewegung und Geräusch verstärken die Bewegungsimpulse der Gehenden, obwohl sie zugleich entspannend wirken« (a.a.O. S. 111).

Eine letzte Spielart dieser Verzögerungsschule des Gehens ist das mit hohen Gebüschen umwachsene Labyrinth, das »den Augen ihre Leitfunktion« beim Gehen nimmt, das Sehen ist auf ein kleines Stück des verschlungenen Weges begrenzt. Vor dem Hinweis darauf, daß Labyrinthe noch zur Zeit Goethes zu jedem großen Park gehörten; daß sie in mittelalterlichen Kathedralen (z.B. Chartres) eine Rolle spielten (vgl. die umfassende Darstellung von Kern 1983) die pädagogische Notiz:

»Dabei (im ›Labyrinth-Gehen‹) üben wir, nicht immer die kürzeste Strecke zu einem Ziel zu wählen, sondern das Gehen, das Umkreisen eines Ortes zum Ziel zu erheben. Der Umgang um etwas ist Grundform des Umgangs mit etwas, das man so von allen Seiten kennenlernt.
Die Übung im aufmerksam konzentrierten Gehen hilft hier, den Gang als solche Beschäftigung von eigener Bedeutung und als eine Weise der Umweltwahrnehmung auszuüben...« (a.a.O. S. 141).

Wozu diese unpraktische Erschwerung, wozu dieser künstliche Rückfall in Geherfahrungen und Gehweisen, die Zeit kosten und keinen Ertrag bringen? Es ist hilfreich, nach dem zu fragen, worauf in diesen Übungen verzichtet wird: die homogenisierende Glättung des Bodens; das den Fuß gegen differenzierte Erschütterungen und Bedrängungen schützende Instrument, den Schuh; den stabilen Untergrund (beim Kettensteg); die Sicherheit gebende Voraussicht auf ein Ziel; die Garantie der Geradlinigkeit. Stattdessen werden Gegenerfahrungen, gegen die sich das Gehen immer wieder halten muß, gekräftigt – gegenströmendes Wasser, Balanceakte provozierende Unsicherheiten; zögern machender, ablenkender Untergrund. Wozu? Öfter heißt es: Das Gehen bewußter zu machen; dann den »Umgang« zu lernen: lernen, nicht geradlinig auf eine Sache zuzugehen – sondern sie zu umgehen.

Das Gehen also soll als etwas anderes bewußt werden als die Operation, mittels derer man seinen Körper möglichst reibungslos, möglichst ohne ihn, den Untergrund, die Weltberührung zu spüren, von einem Punkt zu einem anderen zu bewegen imstande ist.

Die bildliche wie die klanglich-rhythmische Seite der Wörter verflüchtigt sich im instrumentellen Gebrauch unter der Norm der schleunigen Erledigung – analog verflüchtigen sich die Weltberührungen und Körpererfahrungen in der Präsenz des Hier und Jetzt, wenn die Gehbewegung zu Wegzurücklegung schrumpft – und der Körper zum Apparat, dessen optimales Funktionieren sich daran ablesen läßt, daß er nicht zu spüren ist.

*Sklovskij* nennt Aufgaben der Kunst, wobei er Bilder braucht, die in dem Erfahrungsgarten von *Kükelhaus/Zur Lippe* als sinnliche Realitäten zu finden sind:

»Und gerade, um das Empfinden des Lebens wiederherzustellen, um die Dinge zu fühlen, um den Stein steinern zu machen, existiert das, was man Kunst nennt. Ziel der Kunst ist es, ein Empfinden des Gegenstandes zu vermitteln, als Sehen und nicht als Wiedererkennen; das Verfahren der Kunst ist das Verfahren der ›Verfremdung‹, das die Schwierigkeit und Länge der Wahrnehmung steigert, denn der Wahrnehmungsprozeß ist in der Kunst Selbstzweck und muß verlängert werden« (Sklovskij bei Striedter [Hrsg.], S. 15). Und: »Der verschlungene Weg, der Weg, auf dem der Fuß die Steine spürt, der zum Ausgangspunkt zurückführende Weg – das ist der Weg der Kunst« (zit. bei Weinrich, 1985, S. 239).

## 2.8 Exkurs: Wörter in der Ordnung des Wissens und in der Ordnung des Begehrens

(Lacan)

Der *Sklovskij* des zweiten Jahrzehnts dieses Jahrhunderts wittert in den »toten Wörtern« die Spuren einer Ausrottung oder einer Austreibung. Was da zum Verschwinden gebracht wurde, wird mit den »poetisch bildhaften« Zügen jeder Sprache, dem »ältesten poetischen Schaffen« in der frühen Sprache umschrieben – mit dem, »was das Empfinden des Lebens« wiederherstellt. Diese eher lebensphilosophisch getönten Deutungen verlieren Diffusität, wenn die angepeilten Phänomene ins Licht einer psychoanalytischen Subjekt- und Symboltheorie gerückt werden.

(1) Die (im Sinn *Sklovskijs*) algebraisierenden Wörter sind so zugerichtet, daß die Schicht, die das »Bezeichnende« ausmacht, die Signifikanten-Schicht also, mit den klanglichen, bildhaften, graphischen Zügen möglichst ohne Trübungen und Sperrungen eindeutig ist, d.h. durchlässig für das Bezeichnete, das Signifikat (einen gedachten Sachverhalt). Umgangssprachlich gesagt: Die Wörter bezeichnen ohne Umschweif, klar und unterschieden einen Sachverhalt, einen Gedanken. Man achtet nicht auf sie, man vergißt ihre Gestalt über dem Gehalt. Die Gestalt geht im Dienst an dem Gehalt sozusagen auf.

(2) »Poetisch bildhafte Züge« in Wörtern sind solche, die nicht nur auf ein Bezeichnetes (ein Signifikat) hinweisen, sondern auch auf den Akt des Bezeichnens selbst – einen Akt, der in jedem (lebendigen) Wort gewissermaßen wie eine zusammengehaltene Feder enthalten ist. Wenn ich in dem Klang und dem Bild des »Bezeichnenden«, der Signifikantenschicht, eines Wortes für »Schmerz« und »Kummer« auch mithöre »das, was brennt und sengt« – dann ist meine Aufmerksamkeit unweigerlich nicht nur auf das Bezeichnete hingelenkt, sondern

auch auf das Bezeichnende; es findet gewissermaßen ein Beben in der Signifikantenschicht statt, ein anderes Wort klingt an, wie wir sagen, es klingt, als Unterton, mit. Dadurch wird das Wort in seiner klingenden, bildtragenden Qualität als Medium bewußt. Die totale Durchlässigkeit zum Gemeinten wird getrübt. Diese »poetisch bildhaften Züge« – anders gesagt – machen auf den Reiz der Formulierung aufmerksam (vgl. Barthes, 1980, S. 29). Und diese Formulierungen mit ihrem Reiz sind lustproduktiv.

(3) Die Qualitäten des poetisch bildhaften Bezeichnens und Formulierens, auf die *Sklovskij* in seinen Beispielen zur »Auferweckung des Wortes« abhebt, verweisen auf eine in den Wörtern steckende Dynamik. Sie sind mit einer Dynamik des Zusammenziehens aufgeladen; kraft des Wortes wird Verschiedenes auf gewisse Weise in eins gesetzt. Das Gesagte verweist durch die Art, wie es gesagt ist (durch Signifikantenzüge also) auf anderes. Sei es verdichtend, kondensierend – so daß das eine als ganzes das andere spiegelt und repräsentiert (das Brennen steht für den Kummer), dies die metaphorische Spielart; sei es in dem Sinn stellvertretend, daß ein Teilmerkmal für das Ganze des Gemeinten steht (der Mond als der Messende – wiewohl der Mond nicht nur Zeiten mißt, sondern z.B. auch leuchtet), dies die metonymische Spielart des Zusammenziehens.

(4) In poetisch bildhaften Wörtern läßt sich also die Spur einer Dynamik finden, die Auseinanderliegendes zusammenzieht; und in den Formulierungen, in bestimmten Fügungen der Signifikanten, wird ein Reiz spürbar, der aus Lust (»am Formulieren«) kommt und der Lust freisetzt, beim Hörer.

(5) Mit *Lacan*s *Lesart von Freud*s Theorie des Primärprozesses läßt sich diese Ladung triftiger erklären als mit vage bleibenden lebensphilosophischen Hinweisen: Die in den Formulierungen, in den Signifikanten also steckende Dynamik, die zusammenzieht, wegläßt, verformt, den Teil für das Ganz nimmt – sie nimmt ihre Wucht aus dem Begehren, dem »désir« im Sinn von *Lacan*. Dem »désir«, das im Unbewußten rumort und auf Behebung des Mangels aus ist, der seit der frü-

hen Kindheit als eine Art Vakuum gleichsam das »désir« ansaugt. Und der im Unbewußten lokalisierte Primärprozeß kennt, so *Freund* und *Lacan*, keine Logik, keine Konsistenz, kein geordnetes Neben- und Nacheinander. Er kennt Triebrepräsentanzen mit verschiedenen Ladungen, und er kennt Transformationsprozesse, mit Umladungen von Triebspannungen, mit Ineinssetzungen und Abspaltungen. Und diese verschieden geladenen und ineinander sich transformierenden blinden Triebbedürfnisse lauern gewissermaßen auf Durchbruchstellen ins Vorbewußte oder ins Bewußtsein. Und nehmen die Gestalt an, die die Zensur beim Passieren der Bewußtseinsschwelle passieren könnte. Analog zu Freuds Traumdeutung sieht nun Lacan in der Art, wie Signifikanten verkettet werden einen Niederschlag des »désir«. (Zum Ganzen vgl. Knigge, 1988, S. 79–104; Lacan, 1975, S. 15–60; Heinrichs, 1983, S. 116ff.) Die metaphorischen und metonymischen Dynamiken, die in Sklovskijs unscheinbaren Beispielen zu zeigen sind, hätten also ihre Kraft aus einer Sprache, die wir nicht bewußt in der Hand haben – die im Gegenteil Macht über uns hat und die die Art der Verkettung von Signifikanten bestimmt.

(6) Die Ordnung des Begehrens unterströmt also kraft ihrer Durchschlagsenergie auf die Art, wie wir unsere Sprachsignifikanten verknüpfen, unsere Wahrnehmung und unser Handeln nachhaltig mit, gleichsam mit einer vis a tergo, hinter unserem Rücken. Sie unterströmt und zerklüftet die Ordnung des Wissens – jenen Gebrauch also der Sprache, der auf die Signifikate, die gemeinten Sachverhalte und ihre Aufordnung hin orientiert ist. Was bei *Sklovskij* zwar sensibel aufgespürt, nicht aber zulänglich gedeutet wird – die schillernden und aufgerauhten Bedeutungen der nicht algebraisierten Wörter – entpuppt sich als chiffrierte Manifestation des Begehrens, das Formulierungen – Signifikantenketten – inneviert. Die Transformationsprozesse im (unbewußten) Primärprozeß melden sich in den Umakzentuierungen, den Zusammenziehungen, den Überdeterminationen und den Unterdeterminationen (also den gehäuften und den geschmälerten Bestimmungen) auf der Ebene

des »Bezeichnenden«, der Signifikanten. Die Einwände des Verfechters der algebraisierten Sprache, dem die »poetisch bildhafte« Sprache entweder »zu viele Girlanden« enthält (Bilder, auch Klangwirkungen, rhythmische Züge) – oder zu karg ist (weil sie sich mit Andeutungen, Anspielungen, überraschenden Verkürzungen, die metonymisch den Teil für das Ganze setzen, begnügt), diese Einwände der Verfechter einer durchaus algebraisch eindeutigen Sprache nehmen das aufs Korn, was Niederschläge der »Ordnung des Begehrens« wie Male an sich trägt – Überdetermination (»Girlanden«) und Unterdetermination (Verkürzungen) z.B.

(7) Was Kunst also nach *Sklovskij* zuwegebringt – das bloß registrierende und in Besitz nehmende Wiedererkennen durch das Sehen zu ersetzen, das die Routinen hinter sich läßt – das ließe sich im Anschluß an diese Skizze *Freud/Lacan*scher Sprachdeutung so verstehen: Kunst lehrt den Leser, den Hörer, den Betrachter (wie natürlich auch den Künstler, den Darsteller) in den diversen (sprachlichen, symbolischen) Verlautbarungen die Aufmerksamkeit in eine Schwebe zu bringen; sie nicht mehr, wie in der auf geradlinig zu erreichende Zwecke bezogenen Lebenspraxis auf die transportierten Inhalte allein zu beziehen, sondern sie gewissermaßen zu stauen – sie auch auf die (Sprach-) Gestalten zu lenken, auf die nicht der praktischen Routine entsprechenden »Formulierungen«. Dieser in die Schwebe kommenden Aufmerksamkeit verliert das Gewohnte und Bekannte die vertrauten Züge. Es läßt sich nicht mehr glatt einordnen. Es wird fremd. Und zwar weil die in den Formulierungen und in den Formverkettungen (metaphorischer wie metonymischer Art) steckende Dynamik lustvoll spürbar gemacht wurde und dabei einen neuen Blick, einen angefrischten und anfänglichen Blick auf das Gesagte, das Verlautbarte freigab. Der Umschlag aus dem Altbekannten ins Unbekannte und Befremdliche, dieser Sturz aus der Routine – er ließe sich entziffern als Niederschlag dessen, daß die Ordnung des Begehrens, kunstvoll und dosiert ins Spiel gebracht, die Ordnung des Wissens kreuzt und in Maßen durchkreuzt. Und das lustvoll gewahren läßt, was als Routine in der Ord-

nung des Wissens bekannt war – in seiner Bekanntheit sowohl verfügbar als auch unspürbar. Entzogen »im gläsernen Panzer der Vertrautheit« (Sklovskij, 1973, S. 9).

(8) Der Exkurs von *Sklovskijs* Bemerkungen zu »poetisch bildhaften« und »toten« Wörtern zu *Freud/Lacan*schen Deutungen des »désir«-Abdrucks in Signifikantenketten rückt auch die *Plessner*sche These in ein neues Licht, die Skala verworren-klar in menschlichen Lernprozessen müsse ergänzt werden durch das Oszillieren zwischen fremd und vertraut. *Freud/Lacan* vermögen das Fremdwerden, das ein neues Vertrautwerden ermöglicht, aus Potentialen der Subjektivität verständlich zu machen. Und die Unzulänglichkeit der Vorstellung, alle wichtigen Lernprozesse, bei denen Menschen sich und ihrer Welt gewärtig und habhaft werden, bestünden darin, daß diese Menschen korrektes und wissenschaftlich erzeugtes Wissen in einer eindeutig gemachten Fachsprache zu übernehmen lernen; daß sie die Sensibilität für die sinnlichen Gestalten der Sprache und anderer Symbolisierungen (die sie als Kinder wohl noch hatten) als belanglos für sachliches Lernen einstufen; daß sie Lernen schließlich gleichsetzen mit der Überwindung oder Unterdrückung von Phantasmen, von Vorlieben, von unwillkürlich sich einstellenden Erinnerungen, die merkwürdige Gleichsetzungen oder Weglassungen nahelegen.

Diese zweckrational gefaßten und wissenschaftsorientierten Lernprozesse, die auf sachliches Wissen aus sind, behalten in unserer Zivilisation ihr Recht. Einen Anspruch, Modellvorstellung für jedes richtige, realitätsgemäße Lernen zu sein, haben sie nicht. Viel spricht dafür, daß die Erfahrung der Verödung des Lernens in den Belehrungsinstitutionen – die auf entsubjektiviertes Wissen abzielen – verursacht ist durch das Fehlen der die Ordnung des Wissen durchkreuzenden und befremdenden Schubkräfte (vgl. Knigge, 1988; Rumpf, 1987).

Freuds Deutung der Verrücktheitslust, wie sie sich beispielsweise in den Zittersprachen von Kindern äußert, unterfüttert (in »Über den Witz und seine Beziehung zum Unbewußten«) die These dieses Exkurses.

# 2.9 Tolstoj – Aufmerksamkeiten

*Sklovskij* schlägt vor, bei *Tolstoj* in die Schule zu gehen. An seiner Prosa ließe sich lernen, wie die Automatisierung des Bewußtseins und der Sprache aufzulockern sind. Gewöhnliche Vorgänge zu beschreiben und dabei die allgemein gebräuchlichen und für schicklich oder angemessen gehaltenenen Redewendungen zu unterlassen – dies z.B. wecke das Gespür für die Wirklichkeit. Weil so die Sprache »entalgebraisiert« wird. Ein Beispiel:

> »Den durch die Welt gehenden, essenden und trinkenden Körper Serpuchowskijs haben sie erst viel später unter die Erde gebracht. Weder sein Fleisch noch seine Knochen taugten zu etwas. Aber wie schon zwanzig Jahre lang sein durch die Welt gehender toter Körper allen schwer zur Last gefallen war, so war es auch für die Menschen eine überflüssige Erschwernis, diesen Körper in die Erde zu bringen. Schon lange war er niemandem mehr nötig gewesen, allen war er schon lange eine Bürde; und trotzdem hielten es die Toten, die die Toten begraben, für nötig, diesen sofort verfaulenden, aufgedunsenen Körper in eine gute Uniform zu kleiden, ihm gute Stiefel anzuziehen, ihn in einen neuen, guten Sarg zu legen, mit neuen Quasten an den vier Ecken, danach diesen neuen Sarg in einen anderen aus Blei zu legen und ihn nach Moskau zu transportieren, dort alte menschliche Knochen auszugraben und gerade dorthin diesen faulenden, von Würmern wimmelnden Körper in der neuen Uniform und mit den gewichsten Stiefeln zu verbergen und alles mit Erde zuzuschütten« (Tolstoj zit. bei Sklovskij [Hrsg.], Striedter, S. 19).

So beschreibt *Tolstoj* Salons, Theater, Kriegsszenen. Diese Beschreibung bringt es fertig, das Tatsächliche, das allen in irgendeiner Weise bekannt ist, als unglaublich, sinnlos, verrückt erscheinen zu lassen – wegen der aller Vernunft spottenden Form des Umgangs mit dem toten Körper, auch wegen der befremdlichen Erscheinungsform des lebenden Körpers, wegen der unangemessenen sozialen Reaktion auf diesen »durch die Welt gehenden, essenden und trinkenden Körper«.

Eine Beschreibung, die zugleich landläufige Beschreibungen (»Nach Serpuchowkijs Tod wurde sein Leichnam – wurden seine sterblichen Überreste – nach Moskau überführt und dort mit militärischen Ehren beigesetzt«) als unglaublich und unwahrscheinlich, weil realitätsblind, erscheinen läßt. Und beide zusammenhängende Wirkungen, die das eingeschliffene Alltagsbewußtsein zum Beben bringen, werden erreicht durch eine Aufmerksamkeit, die sich nicht bestimmen läßt von jenen Kanalisierungen der Erfahrung, welche durch die gewohnten Formen der Sprache bestimmt sind. Die das gewöhnlich Übersehene, weil Verschwiegene oder feierlich Stilisierte beim Namen nennt. Das Bekannte wird fremd und unwahrscheinlich. Die seitherige Blindheit wird bewußt. Und damit entsteht erst die Möglichkeit, sich mit der spürbar gewordenen Sache auseinanderzusetzen. Was eine Formel ist, wird schlagartig (nicht auf dem Weg der Belehrung) bewußt. Und das Nachdenken über die Funktion von Formeln – als Abdichtung gegen unwillkommene Realitätsstöße – wird freigegeben, genauso wie das Nachdenken über die Sachverhalte, die mittels der eingeschliffenen Sprachformeln dem Bewußtsein, dem Gespräch entzogen waren. Und zwar gerade dadurch entzogen, daß sie den Anspruch machten, die in den Formeln benannte Sache ans Licht zu stellen und behandelbar zu machen. Der Schmerz, den der Leser spüren mag, ist der Schmerz, den *Plessner* meint, wenn er schrieb, ein künstlicher Blick, »mit anderen Augen«, müsse die blind machende Gewohnheit zerstören – als eine Art Ersatz für den Schmerz des wirklichen Verlusts, der die Augen für das Verlorene öffne. Formeln, die die Sache unter der Maske ihrer Benennung entziehen, gibt es in der alltäglichen Umgangssprache wie in der Fachsprache diverser Sparten (von der Physik bis zur Jurisprudenz, von der Medizin bis zur Ökonomie, von der Didaktik bis zur Literaturwissenschaft). *Tolstoj* regt zu Übungen an, die Formeln und das in ihnen Bezeichnete dadurch unwahrscheinlich zu machen, daß man den Sachverhalt ohne Rücksicht auf Gewohnheiten der Stilisierung beschreiben läßt. Autoren, die einem Publikum bestimmte Inhalte vermitteln wollen, lassen sich wohl danach unterscheiden, ob sie – jedenfalls dann und wann – den anderen Blick, der nicht durch professionelle oder andere Sprachgewohnheiten festgelegt ist, lockern und gleichsam gegen die darin investierten Aufmerksamkeiten anschreiben. Hier kann Didaktik im weitesten Sinn bei der sogenannten schönen Literatur in die Schule gehen und sich den Star stechen lassen. Überlegenheitsverluste tun ihr not.

»Die Nachhut Dochturows und anderer sammelte ihre Bataillone und schoß auf die französische Kavallerie, die unsere Truppen verfolgte. Es fing an zu dämmern. Auf dem schmalen Teichdamme von Augest, wo so viele Jahre lang der alte Müller mit der Zipfelmütze friedlich mit seiner Angelrute gesessen, während sein Enkelkind mit aufgestreiften Ärmelchen die silbernen, zappelnden Fische in der Gießkanne zu haschen versucht hatte, auf diesem Teichdamme, auf dem so viele Jahre lang friedliche mährische Bauern in blauen Jacken und Pudelmützen ihre zweispännigen Fuhren mit Weizen zur Mühle gefahren und dann, mit Mehl bestäubt, mit ihren weißen Säcken aus der Mühle wieder heimgekehrt waren – auf diesem schmalen Teichdamme drängten sich jetzt zwischen Wagen und Kanonen, zwischen Pferden und Rädern von Todesangst entstellte Menschen, quetschten und stießen sich, fielen tot um, schritten über Sterbende hinweg und erdrückten andere, um dann selber getötet zu werden, wenn sie ein paar Schritte weitergekommen waren.
Alle zehn Sekunden machte sich ein Luftdruck bemerkbar, und eine Kanonenkugel oder Granate platzte mitten in die eng zusammengedrängte Menschenmasse hinein, forderte ihre Todesopfer und bespritzte alle in der Nähe Stehenden mit Blut« (Tolstoj, Krieg und Frieden; o.J. S. 386/387).

Was die Soldaten der Nachhut Dochturows tun, verliert seine Selbstverständlichkeit und wird aufgeladen. Und das nicht nur und nicht in erster Linie durch Beschreibungen des Geschehens, die die formelhafte Berichterstattung von Kriegsgeschehnissen unterlaufen; der Blick des Schreibers und der von ihm geführte Blick des Lesers saugt sich fest an einem landschaftlichen Detail – diesem schmalen Teichdamm, über den die von Todesangst entstellten Menschen drängen. Und an dem Teichdamm, der so ganz anders ist, der nichts von Todesangst weiß, der überhaupt nichts von diesen angstgeladenen Augenblicken, in denen alle zehn Sekunden eine Granate explodiert, zu spüren scheint – an diesem Teichdamm entzünden sich Phantasmen von Geschehnissen, die der Phantasie in ihn eingelassen scheinen. Sie erstehen, Gegenbilder gegen das Grauen, und das aktuelle Geschehen rückt in ein fremdes Licht; es wird unbegreiflich. Beide Geschehnisreihen am Teichdamm werfen Licht aufeinander. Und dieses Licht nimmt beiden jede Plausibilität. Das Geschehen wird unverständlich *gemacht* – das damalige wie das heutige. Die alte Geschichte wird nicht etwa herangezogen, um die aktuelle in einen verständlicheren Zusammenhang zu bringen. Die aktuelle wird noch unerträglicher und absurder als sie ohnehin schon ist. Sollte jemand gewußt zu haben meinen, was sich an diesem Teichdamm abspielte – diese befremdliche Art, es zu beschreiben raubt ihm den Gestus der Überlegenheit. Der »Panzer der Vertrautheit« *(Sklovskij)* wird zertrümmert.

Für Anna Karenina zerbrechen schließlich mit den vertrauten Beziehungen alle Sicherheiten; die Welt, in der sie einen Ort hatte und in der sie sich auskannte, versinkt. Der Geborgenheit verlustig, beginnen ihr alltägliche Dinge wie das Leben auf der Straße aus ihrer konventionellen Einfassung zu springen; sie verliert die Deutungen, die auch Schutzpanzer sind gegen die Stöße und Überraschungen der Realität. Ausgestoßen aus der Gesellschaft verliert sie den Schutzmantel des normalen Bewußtseins. Widerfahrnisse explodieren:

»Ja, was war es doch, woran ich zuletzt mit soviel Vergnügen dachte? Sie versuchte, es sich ins Gedächtnis zurückzurufen. Coiffeur Tjutkin? Nein, das war es nicht. Ja, richtig, Jaschwins Ausspruch: Existenzkampf und Haß – das einzige, was die Menschen miteinander verbindet. Nein, ihr fahrt vergeblich – wandte sie sich in Gedanken an eine muntere Gesellschaft, die in einem Vierspänner wohl nach einem Vorort fuhr, um sich zu amüsieren. Auch der Hund, den ihr bei euch habt, vermag euch nicht zu helfen. Ihr könnt euch selbst nicht entfliehen! Sie schaute nach der Seite, nach der sich Pjotr (der Kutscher) umwandte, und bemerkte einen schwer betrunkenen Fabrikarbeiter, der von einem Polizisten abgeführt wurde. Dem wird es schon eher gelingen, dachte sie. Ich und Graf Wronskij haben das Glück ebenfalls nicht zu finden vermocht, obwohl wir uns so viel davon versprochen haben... Und so steht es jetzt mit uns. Er liebt mich schon lange nicht mehr. Wo aber die Liebe aufhört, fängt der Haß an... Diese Straße kenne ich überhaupt nicht. Lauter Häuser, so hoch wie Berge, und

darin Menschen und immer wieder Menschen, und alle hassen einander«
(Tolstoj, Anna Karenina, o.J. S. 908/910).

Die Deutungen, die eine mit anderen geteilte Verläßlichkeit
der Welt garantieren, zerfallen. Fremd, unbekannt, feindlich
wird die Welt. Der Leser wird hineingezogen in diese Entkon-
ventionalisierung des Blicks. Im Verlust der glatten Hinsichten
von einst werden sie als Hinsichten bewußt – als Deutungen,
in denen sich kollektive Phantasmen niedergeschlagen haben.
Haß und Angst laden jetzt die Phantasmen auf, mit denen Anna ihre Umwelt ausstattet. Das Wohlbekannte wird unbekannt,
das individuelle Phantasma vertreibt das kollektive Phantasma. Und die Drift, in die der Schreiber den Leser hineinzieht,
ist auch hier die Drift weg von Positionen des Einordnens, des
»Wiedererkennens« im Sinn von *Sklovskij*. Eine Innensicht
läßt die verläßlich gedeutete Welt zusammenbrechen. In der
verständlichen, Zusammenhänge aufbauenden Niederschrift
ist ein Gegenstrom eingebaut, der die unverständlichen, sich
sperrenden, fremd bleibenden Züge nicht etwa einschmilzt,
sondern stark macht. Man mag diese Art des Schreibens und
Beschreibens im Vergleich zu uns geläufigen Arten belehrenden, informierenden Redens und Schreibens erwägen. Die Belehrung im landläufigen Verstand hat darauf zu zielen, Unbekanntes wegzuschaffen, Unbegreifliches zu erklären. Jedenfalls nicht, es zu Gesicht und zu Bewußtsein zu bringen, mit
keiner anderen Absicht als dieser. Die Aufmerksamkeitsrichtung von *Sklovskij* auf *Tolstoj* kann den Blick schärfen für Ei-
genarten von Befremdung auch in Texten, die Erkenntnisse
vermitteln wollen. Der Verzicht auf die Dauerposition der
Überlegenheit, auf die Verwendung nur einer Sprache; das
Mißtrauen gegen die Verformelung der Sprache – das jedenfalls wäre in der Schule *Tolstojs* und *Sklovskijs* zu lernen. »Sehen« statt »Wiedererkennen« nennt *Sklovskij* die Wendung,
die Menschen von Kunst lernen können.

Es gibt eine Handhabung von Sprache, die die bezeichnete
Sache ebenso wie die Qualität der die Sache bezeichnenden
Sprachsymbole in einer bestimmten Weise dem Bewußtsein,
dem Nachdenken, dem Gespräch entzieht. Was bei *Sklovskij*

als »Automatisierung« des Bewußtseins und der Sprache beschrieben wird, ist in *Adornos* »Studien zum autoritären Charakter« in politpsychologischer Verschärfung als Stereotypisierung gekennzeichnet:

»Als Mittel, die Welt gleichsam in einen Fragebogen mit mehreren Antwortmöglichkeiten umzuwandeln, wo jedes Problem subsumiert und durch ein Plus- oder Minuszeichen entschieden wird, beläßt das Stereotyp die Welt so fern, abstrakt und ›nichterfahren‹ wie zuvor... Stereotypie verfehlt insoweit die Wirklichkeit, als sie dem Konkreten aus dem Wege geht und sich mit vorgefaßten, starren und extrem generalisierten Vorstellungen begnügt, denen das Individuum so etwas wie magische Omnipotenz zuschreibt« (Adorno, 1970, S. 190/191).

*Tolstojs* Verfahren – wie es *Sklovskij* aufdeckt – zielt darauf, scheinvertraut gemachter Realität ihre Vieldeutigkeit und Widerständigkeit zurückzugeben, und zwar durch gezielte Zersetzung und Bewußtmachung der sprachlichen Bezeichnungs- und Einordnungsroutinen. Die Realitäten, die sich hinter Beisetzungsritualen und den ihnen entsprechenden Redensarten; hinter den Kriegsbeschreibungen verbergen, werden durch diese Zertrümmerung nicht etwa nur (wie es *Sklovskijs* frühe lebensbegeisterte Diktion zu vermuten nahelegt) in einem vorrationalen Sinn wieder erlebt und berührt, weil die Sinnesfundamente der Wahrnehmung unter den konventionellen Einordnungen von Redewendungen wieder virulent werden. Diese Realitäten werden kraft der anderen Beschreibung auch problematisierbar – sie wecken das Nachdenken, die Gegenrede, die »Warum« fragt, die nach anderen als den gewohnten und kaum mehr als solchen bewußten Mustern der Beschreibung, der Deutung, der Erklärung oder der Einschätzung fragt.

# 2.10 Schattengedanken

Das haben Menschen über Schatten, in einem Gespräch, gesagt:

1 »Der Schatten ist wie ein Kind, das uns nachmacht.«
2 »Er ist aus dunkler Luft und Himmel gemacht.«
3 »Wenn du ihn berührst, berührst du gar nichts.«
4 »Er ist aus Erde gemacht und Zement, oder wenn er im Gras ist, aus Gras.«
5 »Man kann den Schatten nicht abtrennen, niemals.«
6 »Nein, wenn du springst, flieht er.«
7 »Auch wenn du einen dicken Stein auf ihn legst, wird er nicht zerquetscht.«
8 »Und wenn du Wasser darauf schüttest, ertrinkt er nicht.«
9 »Die Schatten sterben, wenn keine Sonne mehr da ist.«
10 »Ohne Licht gibt es auch keinen Schatten.«
11 »Auch die kleinen Steine machen Schatten, die großen aber bessere.«

(Zit. bei Rumpf, 1986, S. 516).

Die Art, wie hier der Schatten aus der Routine alltäglicher Wahrnehmung herausgelöst wird, erinnert an die Verfahren Tolstojs. Der Schatten, den das Alltagswissen als nicht weiter auffällige Tatsache einzuordnen und zu bezeichnen gewöhnt hat – dieser Schatten gewinnt unbekannte, unbegreifliche, absurde Züge (ähnlich dem Leichnam Serpuchowskijs und den Geschehnissen auf dem Teichdamm von Augest). Woraus ist er? Und ist er aus irgendwas – nichts kann er doch nicht sein? Flüchtig verbunden mit dem Untergrund – und fest, unzertrennlich verbunden mit einem Gegenstand. Merkwürdig unzerstörbar. Und doch auch sehr sterblich – in seiner Existenz abhängig nicht nur von einem Gegenstand, einem Untergrund, sondern auch von der Sonne, von Licht.

Die Äußerungen deuten auf eine Wahrnehmung, die den Schatten einerseits scharf beobachtet – andererseits ist diese scharfe Beobachtung unterströmt und angetrieben von Phantasmen, die ihn mit Ähnlichkeiten aufladen und ihm so Bedeutungen verleihen, über die sich gemeinsam sprechen und nachdenken läßt. Dieser Aufmerksamkeit schiebt sich manches als verwandt ineinander: wie ein Ding wird er betrachtet, der Schatten; mit einem Ding wird er identifiziert. Und daran spinnt sich die Frage, was denn das für ein Ding sein könne. Die in den Schatten hineinschlüpfende, ihn dadurch (»mimetisch«) nachahmende Bewegungsphantasie, sieht ihn fast an als wärs ein anderes Kind – das nachäfft, ein Mensch der flieht; ein Wesen, das nicht zerquetscht werden kann; ein Etwas, das sterben kann. Und diese sich mit dem Schatten in Spuren identifizierenden Phantasien treiben ein Gespräch an, das nicht nur auf Beschreibungen von Merkwürdigkeiten aus ist – das vielmehr aus Beschreibungen auch auf erklärende Zusammenhänge zu kommen sucht: die kleinen und die großen Steine haben verschiedene Schatten; nicht nur die Sonne, dieser besondere Körper ist schattenverantwortlich – jedes Licht ist es.

Diese Gesprächsbemerkungen von Vorschulkindern aus Reggio können bewußt machen, welche Phänomene zutagetreten können, wenn die Sprach- und Wahrnehmungsstandards mit ihren Abblendungen (noch) nicht dominieren. Die Phantasmen, die die Gegebenheiten aufladen, schaffen Ähnlichkeiten und Identifikationen, die dem Schatten ein antlitzhaftes Wesen geben. Zugleich sind diese Aufladungen verknüpft mit *Beobachtungen* über Erstaunlichkeiten des Schattengebarens, die unter der Vereinheitlichung des physikalischen Schattenbegriffs unkenntlich werden. Es besteht in diesen Kinderäußerungen kein Widerspruch zwischen mimetischer Phantasie und unterscheidender Beobachtung von Details, die zur Beschreibung und Erklärung im Gespräch herausfordern. Beide Impulse scheinen sich zu brauchen und anzustacheln. Die Tradition innerhalb der Naturwissenschaft, die jede bildhaft-mimetische Sprache als unwissenschaftlichen, die Objektivität verletzenden Animismus verurteilt und ihn infolgedessen aus dem Feld der Wissensausbreitung auszutreiben sucht – diese Tradition verkennt die Zusammenhänge zwischen bildhaft nachahmender Weltvergegenwärtigung und begrifflichem Denken (vgl. Anm. 10), verkennt die Zusammenhänge zwischen zwei »genetisch aufeinanderfolgenden Formen der menschlichen Symbolorganisation« (Habermas, zit. bei Rumpf, 1987, S. 222f.; zum Ganzen Wagenschein, 1986).

Wie sieht das Phänomen »Schatten« in einem Anfängerlehrbuch für Physik aus?

»d) *Schatten.* Auch die Schattenbildung spricht für die geradlinige Ausbreitung des Lichtes. Beleuchten wir mit einer punktförmigen Lichtquelle P eine undurchsichtige Scheibe K, so kann in den hinter ihr liegenden Raum S, den Schattenraum, kein Licht eindringen (Abbs. 96.1). Ist K beispielsweise ein Quadrat, so ist auch das Schattenbild auf dem Schirm ein Quadrat oder ein anderes Viereck, nicht aber ein Fünfeck oder ein Kreis. Hieraus schließt man, daß die an K vorbeigehenden Lichtstrahlen geradlinig verlaufen« (Grimsehl, o. J. S. 96).

Der Schatten taucht da als Unterpunkt zum Kapitel mit dem Thema »Ausbreitung des Lichtes« auf. Er ist zu einem Beleg dafür gemacht, daß sich das Licht geradlinig ausbreitet. Die verschiedenen Schattenformen kommen von vornherein nur als Belegmaterial für die Geradlinigkeit der Lichtstrahlen ins Visier. Damit sind die Aufmerksamkeiten, die sich von dem Phänomen des Schattens und dem stupenden Ineinander von Flüchtigkeit und Unzerstörbarkeit, von Ungreifbarkeit und Hartnäckigkeit aufstören ließen, von vornherein übergangen. Nichts kann und soll da die distanzierte Beobachtung mehr aus der Bahn werfen – durch einen Blick gar, der im Schatten nicht recht geheure Züge auszumachen naiv genug wäre; der sich mit dem Gebaren des Schattens in irgendwelchen Spuren in eins zu setzen unbotmäßig genug wäre. Der Blick ist – wie die Sprache – von vornherein in die Botmäßigkeit der Fachperspektive gebracht. Der Bilduntergrund der Sprache, ihr Assoziationsfeld ist stillgelegt. Bei diesem Schatten kann und soll niemand mehr an den Schatten denken, der bei Gryphius oder bei Bach vergegenwärtigt ist. Die Scheibe K, der Raum S – die Tendenz, auch den Schatten zum Schatten SCH zu machen und ihn dadurch zu algebraisieren, ist unverkennbar.

Die Gewinne an Eindeutigkeit der Sprache sind unbestreitbar. Der Weg für die physikalisch orientierten Denkbewegungen ist geglättet. Von Widerständen, von Paradoxien, auf die ein aufmerksamer Blick in dem Phänomen stoßen könnte, ist nichts zu spüren. Daß Schatten etwas Unglaubliches an sich haben könnten – vielleicht weiß es der Autor. Als Verfasser eines Lehrtextes, der eine Naturwissenschaft lehrbar machen will, geht ihn diese in der Lebenswelt von Menschen wurzelnde Erfahrung nichts an, so scheint es. So wird der physikalische Blick auf den Schatten selbstverständlich gemacht; er wird nicht einmal mehr als solcher bewußt – in Abhebung oder in Konfrontation mit anderen Blicken. Dies ist Norm in der Wissenschaftsausbreitung. Nicht nur von Dichtern – auch von unbefangenen Anfängern, von Kindern könnte man die Verlangsamung und Aufrauhung des Blicks lernen, die den Gegenstrom gegen die Algebraisierung bewußt macht. Ist das wünschenswert? Lähmt es – durch Rückfall in anthropomorphe Naturbilder – die Rationalität? Führt es zur Natur- und Erdmystik – zu raunenden Kundgaben, die Glauben und Gefühl fordern, nicht aber Streit und Verständigung mit guten Gründen? Wird durch mimetische und metaphorisierende Redeweisen das im Medium Sprache angelegte Vernunftpotential, das nach Gründen fragt und sich nicht stumm Autoritäten beugt, verspielt? Die Frage läßt sich nicht theoretisch allgemein entscheiden. An Beispielen ist zu zeigen, daß das Vernunftpotential nicht auf der Strecke bleiben muß, wenn die Aufmerksamkeit für Phänomene mitsamt ihren persönlichen, inoffiziell-phantastischen Zügen über den Tätigkeiten der begrifflichen Einordnung kraftvoll am Leben bleibt.

# 2.11 Lehrtexte zu Wärme und Licht

(Wagenschein, Grimsehl)

Als Lehrtext läßt sich folgende Darstellung lesen:

»Das Phänomen Wärme kennen wir, jeder kennt es, der in der Sonne sitzt. Die physikalische Betrachtungsweise hat zur Wärme nun etwas sehr Merkwürdiges und Sehenswertes herausgebracht: Daß nämlich jedes Ding, sei es Stein oder Wasser oder Luft eine unaufhörliche, unsichtbare, sehr fein zitternde, nicht strömende Bewegung in sich hat. Nun erst kommt die Beziehung zur Wärme: daß diese innere Unruhe sich steigert, wenn der Körper wärmer wird. Was man sehen kann, nennt man die Brownsche Bewegung nach dem Entdecker, dem Biologen *Brown*, der natürlich dachte, was wir alle denken, wenn wir das sehen: da lebt etwas in diesen unheimlichen Fiebern. Man mischt feinste Staubkörnchen ins Wasser, betrachtet eine dünne Schicht solchen Wassers durchs Mikroskop und bei starker seitlicher Beleuchtung vor dunklem Hintergrund (am schönsten wirkt es bei Mikroprojektion) sieht man dann auf einem Schirm in einem Kreis von etwa einem Meter Durchmesser etwas Unvergessliches: Auf dunklem Hintergrund erscheinen diese Staubkörnchen wie Sterne des Nachthimmels, aber in einer unaufhörlichen, torkelnden, ziellosen Bewegung. Die kleinen Sterne sind schnell, die größeren sind munter, die ganz großen, die zittern, als wären sie angeseilt...
Die Fragen drängen sich: Warum bewegen sich diese Körnchen, sind sie lebendig? Nein, sie sind es nicht. Gewöhnliche Rußbröckchen, Kristallsplitter, Fettröpfchen tun das auch, wenn sie nur winzig genug sind und sich nicht etwa auflösen. Sie tun selber nichts, sie tun offenbar nur mit. Wo aber ist der Antreiber? Das kann ja nur das Wasser sein. Aber das Wasser ist doch ganz still, wie man sieht. Offenbar doch nicht. Die Hypothese ist, und sie ist kaum zu umgehen, wir müssen uns im tiefsten Innern des Wassers eine ständige stoßende Unruhe vorstellen, ein Mikrofieber, ein Unaufhörliches, das immer da ist, und das einfach zur Materie dazugehört...« (Wagenschein in Wagenschein/Buck, 1984, S. 10).

In diesem Lehrtext ist die persönliche Wahrnehmung ernst genommen – jene Wahrnehmung, die zweimal hinschaut, die Stirne runzelt und die bei sich murmeln möchte: Das kann doch nicht wahr sein. Die konventionelle, für normal und sicher geltende Weltauffassung wird angegriffen. Der Text dieser Lehr-Rede trägt diesen Angriff. Die Unwahrscheinlichkeit eines Phänomens wird angestachelt – und zwar weil es im Gang der Erfahrung eine Phase gibt, in der das vor Augen Liegende das Unglaubliche wird. Wir werden hineingezogen in die Verblüffung des Erstentdeckers. Seine Vermutung – es muß sich um etwas Lebendiges handeln, denn es regt sich von selbst – wird die unsere. Es bleibt nicht bei dumpfem Erstaunen. Das Phänomen wird durch Beleuchtungen intensiviert. Die Unglaublichkeit dessen, was sich da vor den eigenen Sinnen abspielt, weckt Vergleichsbilder, ritzt die einordnende Sprache: ein »unheimliches Fiebern« hat statt. Metaphorisierende Ineins-Setzungen reißen das Phänomen in vertraute, menschliche Zusammenhänge. Der neue Blick – in dem durch Beleuchtung entstandenen Szenario – sieht wieder andere Zusammenhänge in das Unwahrscheinliche hinein: einen Sternenhimmel in einem Kreis von etwa einem Meter Durchmesser! Mit Staubkörnchen, die »wie Sterne des Nachthimmels« ausschauen, nur daß sie »in einer torkelnden, ziellosen Bewegung« sich befinden. Der Autor, der da beschreibt, vergegenwärtigt sich die Resonanzen in seinem Tiefenbewußtsein, als er das zum ersten Mal sah. Er verleugnet seine Fassungslosigkeit nicht, die auf das zurückgreift, was da an Erinnerungen, an die Sache abbildenden Phantasmen in ihm aufstieg. Und er verliert über all dem nicht etwa die Besinnung. Die Verblüffung zwingt ihn nicht in die Knie, er schaut genau hin, er betet nicht an. Die Irritation erstickt nicht die Aufmerksamkeit in Huldigung vor einem unnennbaren Geheimnis. Sie weckt ganz im Gegenteil die nüchterne Beobachtung, die Benennung: unaufhörlich ist die Bewegung (das ist die Dimension des Nacheinander); torkelnd, ziellos (das ist die qualitative Feinstruktur der Bewegung). Und es folgen detaillierte Kennzeichnungen der Unterschiede von »kleinen«, »größeren« und »ganz großen« Körnchen in diesem Bewegungsfieber. Das sich mit der Erwärmung auch noch steigert. Der Stachel des Unwahrscheinlichen und Unglaublichen wird durch diese Beschreibungen von Regelhaftigkeiten in dem vor Augen Liegenden mit abstrusen Zügen noch spürbarer. Aber der nüchterne Blick ist nicht liquidiert. In der Äußerung, die auf einen beobachtbaren Tatbestand abzielt, steckt der Geltungsanspruch, der anderen Gesprächspartnern gegenüber erhoben wird: Seht ihr das auch so? Kann man so sagen? Täusche ich mich? Die Angelegenheit wird durch das Medium Sprache ins Gespräch gebracht, sie wird nicht, kultisch, als Mysterium verherrlicht. Die metaphorisierende Ineinsetzung (»Fieber«, »torkeln«, »Sternenhimmel«), die auch metonymische Züge hat (von einem Teil wird aufs Ganze geschlossen) – sie führt nicht zur Ausklinkung des auf Verständigung angelegten Mediums Sprache.

Die Beobachtung, die als Prozeß abgebildet wird, mündet in eine Menge »Fragen, die drängen«. Der Leser ist herausgefordert, er ist nun ins Gespräch, in die Überprüfung von Geltungsansprüchen gebracht. Er muß sich bewegen. Was ist richtig? Eine Physikbuch-Darstellung liest sich beispielsweise so:

»Brownsche Bewegung. Folgender Versuch beweist zwar nicht das Vorhandensein der Moleküle, spricht aber dafür: Wir schlämmen etwas Zinnober aus dem Tuschkasten auf und bringen eine Spur davon zwischen Objektträger und Deckglas unter ein Mikroskop mit etwa 500 facher Vergrößerung. Oder wir verreiben ein wenig chinesische Tusche in einem auf dem Objektträger gebrachten Wassertropfen. Wenn wir irgendeine Stelle scharf einstellen, sehen wir, wie die winzigen Zinnober- oder Rußteilchen eigentümlich hin- und herzucken, völlig unregelmäßig und unabhängig von den benachbarten. Man findet diese merkwürdige, unaufhörliche Bewegung an allen in einer Flüssigkeit oder in einem Gase schwebenden festen Körperchen, wenn sie nur leicht genug sind, jedoch noch groß genug, um unter einem Mikroskop gesehen zu werden... Für diese Bewegung gibt es folgende Erklärung: Die Wassermoleküle bewegen sich andauernd außerordentlich lebhaft hin- und her, und zwar in allen Richtungen völlig regellos. Dabei prallen sie wie ein Geschoßhagel auf die Zinnoberteilchen, aber wegen der Kleinheit dieser Teilchen nicht von allen Seiten gleichmäßig, so daß sich ihre Stoßwirkung nicht aufhebt, sondern die unregelmäßigen, zuckenden Bewegungen hervorruft« (Grimsehl, o.J., S. 44).

Nicht daß dieser Lehrtext das Vernunftpotential, das einer sprachlichen Äußerung innewohnt, völlig unterdrückte. Geltungsansprüche werden erhoben und begründet – man kann kritisch dagegen fragen, z.B. »Was heißt: ›gibt es folgende Erklärung‹? Gibt es auch eine andere? Hat sie Schwächen? Welche?« Insgesamt freilich hat die Darstellung eher den Charakter einer monologischen Mitteilung von Erkenntnissen als den einer Darstellung eines Aufklärungsprozesses, in den der Leser sich hineingezogen sieht. Die Brownsche Bewegung taucht als Belegmaterial für die Existenz von Molekülen auf. Die Beziehung zu der jedem Menschen vertrauten Erfahrung von Wärme ist von vornherein gekappt. Und somit kann diese Wärmeerfahrung auch gar nicht fremd und unbekannt werden – wenn ihre Beziehung zu dem merkwürdigen, sich mit der Temperatur steigernden Gewimmel sichtbar wird. Was hat Erwärmung mit Bewegung zu tun? Daß sie etwas miteinander zu tun haben – das stört gewisse Routinen auf. Aber der Lehrbuchtext ist darauf hin orientiert, den molekularen Aufbau der Materie zu demonstrieren. Er teilt mit, er illustriert Erkenntnisse. Der Leser nimmt zur Kenntnis – wird nicht in ein Für und Wider, in Ratlosigkeiten, in die Konfrontation mit einem Phänomen hineingezogen, auf das er sich so wenig wie der Autor letztlich einen Reim machen kann: Da bewegt sich dauernd etwas, unregelmäßig, aber doch größenspezifisch – und scheint doch nicht mit dem zu erklären zu sein, mit dem unser Alltagsverstand sich alles erklärt, was sich von selbst bewegt, mit dem Lebendigsein. Eine nicht aus Leben zu erklärende Unruhe, ein Dauerfieber? *Hartmut von Hentig* schreibt, nach der Gegenüberstellung eines Wagenschein-Textes mit einem Physikbuchabschnitt zum Thema »Licht«:

»Das Physikbuch baut an einem System und tut es mit endgültigen, systemgerechten Teilen. Der Vorgang ist monolog; eine zweite Stimme, eine andere Meinung, ein weiterer Gesichtspunkt würde stören. Wagenscheins Darstellung dagegen ist notwendig dialogisch. Es geht nicht um die bestmögliche allgemeine Erklärung der Periodizität des Lichts, sondern um das Aufräumen der Vorstellungen und Nichtvorstellungen im Kopf des Partners. Wagenschein läßt auch die natürlichen Stolpersteine liegen... Gelegenheit zur Verdeutlichung, zum Nachfragen, zur Unterscheidung. Sprache als Vorgang wechselseitiger Vergewisserung!« (Von Hentig, 1986, S. 457/458).

Der distanzierende Blick, der Merkmale auffaßt und zu sachlicher Beschreibung führt, oszilliert in *Wagenscheins* Text immer wieder mit dem fast träumerisch einswerdenden Blick, der versinkt in den Anblick eines rätselhaften Fieberns an einem imaginären nächtlichen Sternenhimmel. Das vor Augen Liegende nimmt unglaubliche Züge an – wird fremd und unheimlich. Und provoziert dadurch auch wieder den nüchtern beobachtenden Blick, der Zusammenhänge sucht. Die Phantasmen, die das vor Augen Liegende aufladen, sind willkommen, sie werden nicht untersagt. Was bedeutet diese Annäherung an die Sache, die dramatisch-antlitzhafte Züge annimmt, zeitweise, immer wieder? Bedeutet sie Irrationalismus, Verfälschung der wissenschaftlich gesicherten Erkenntnis, Animismus, Verkindischung?

»Es bedeutet: sich in die Dinge versetzen. Dann versteht der Angeredete besser. Ich weiß aus jahrzehntelanger Erfahrung mit Schülern und nicht weniger mit Studenten: Wenn man so anfängt zu reden (ohne Entschuldigung, ohne Lächeln, ganz ernst): das lockert ungemein. Sie lächeln und verstehen leichter« (Wagenschein in Wagenschein/Buck, 1984, S. 6).

Und irgendwo schrieb *Wagenschein*, wenn Schüler und Studenten so reden und denken dürften – so als seien die Dinge belebt (als sei im Wasser ein Fieber ausgebrochen, obwohl sie natürlich wissen, daß das im exakten Sinn nicht stimmt; daß es ein »als ob« ist), dann komme ein Lächeln der Befreiung auf ihre Züge, »als lockerte sich in ihnen eine Uniform« (Wagenschein, 1986, S. 85). Und hier treffen sich die Abräum-Aktionen Wagenscheins mit dem, was *Sklovskij* an *Tolstoj* ausgemacht hat. Die Verwendung der die Gegebenheiten abtastenden Umgangssprache – sie befreit die Aufmerksamkeit, sie löst den Blick von den Festlegungen durch Rituale, Formeln, Fachsprachen mit ihren Verkürzungen. Sie treffen sich auch mit *Plessners* Ideen, daß »wirkliches Verstehen« nur möglich ist über den Abschied von selbstsicherem Besitz. Man muß seiner Erfahrungswelt unsicher geworden sein, man muß das Heft des schnellen Bescheidwissens und Einordnens aus der Hand verloren haben, um verstehen zu lernen.

# 2.12 Nichtlineares Lernen – und die inoffiziellen Weltversionen

An Beispielen habe ich bewußt zu machen versucht, was passiert, wenn Routinen (der Bewegung, der Wahrnehmung, der begrifflichen Bestimmung) zerfallen. Irritationen, neue Aufmerksamkeit, Befremdung, Suche nach Zusammenhängen – dieses Wechselspiel kann in Gang kommen, wenn der von Plessner benannte »befremdende Blick« sich freimacht von Konventionen und zum Zug kommt. Diese befremdende Aufmerksamkeit habe ich in Anlehnung an literarische Beispiele (beraten von *Weinrich* und *Sklovskij*), an Übungen meditativer Leib- und Bewegungserfahrung (anhand von Vorschlägen von *Kükelhaus* und *Zur Lippe*), an Kinder- und Lehrbuchblicken auf den Schatten wie schließlich an der Eigenart Martin *Wagenscheins*, Naturwissenschaft zu lehren, anschaulich zu machen und zu durchdringen versucht.

Dabei kam nur eher beiläufig die Rede auf die zeitliche Figur der Abläufe, in denen sich diese Umschläge von Aufmerksamkeiten vollziehen. Das Nacheinander – welchem Muster folgt es? Wie kommt man »voran«?

Es gibt – in der Überlieferung und Aneignung von Kulturinhalten – das Ideal des linearen Vorankommens. Es ist nach dem Bild von der Fortbewegung geschnitten, die unsere Zivilisation begünstigt und die unsere Lebenspraxis bestimmt. Man bewegt sich fort, indem man Strecken zurücklegt, um ein bestimmtes Ziel zu erreichen. Vorankommen, das heißt in Bezug auf ein bestimmtes Ziel Wegstrecke zurücklegen. »Nicht vorankommen«, »auf der Stelle treten«, »hängen blieben« – das sind redensartliche Umschreibungen von Mängeln in der zielstrebig-linearen Fortbewegung; sie werden abwertend gebraucht – auch im übertragenen Sinne der Kulturübermittlung.

Ein Autor oder ein Lehrer, von dem gesagt wird, er trete auf der Stelle und komme nicht voran, wird das nicht als Lob auffassen.

Die Bewegungsabläufe, die unsere öffentlichen Räume vorzeichnen und vorschreiben, sind solche des geradlinigen Zurücklegens, das schleunigst und ohne persönliche Schnörkel zu erfolgen hat. Kindern mit Neigung zu schweifenden Bewegungen, zum Zickzack, zum unvermittelten Stehenbleiben (weil etwas Überraschendes zu sehen oder anzufassen ist), zum Hin- und Herrennen, zum Hickeln (das in raffinierter Weise auf der Stelle tritt), zum Hüpfen – ihnen wird in den öffentlichen Verkehrsräumen diese Bewegungsneigung abgewöhnt (vgl. Thiemann, 1988). Und jeder Erwachsene wird auffällig, wenn er sich in der Öffentlichkeit nicht zielstrebig bewegt – solches ist nur in dafür vorgesehenen Spezialräumen vorgesehen. In Museen z.B. darf man um etwas herumgehen, es von allen Seiten betrachten, immer wieder – in einem Park zieht man schon Blicke auf sich, im Fußgängerbereich der City wird man zum Störfall. *Thiemann* hat gezeigt, zu welchen Liquidationen von Kinderregsamkeit das führt. Wenn jemand stehen bleibt – ob motorisiert oder nicht: er weckt leicht wütende Gereiztheit. Er scheint ja nicht zu wissen, wo er hin will. Von wem das gesagt oder (noch wirksamer) gefühlt wird, der sieht sich schnell aus dem Kreis der Normalen ausgegrenzt.

Lehren heißt in einem landläufigen Verständnis die Bahn für den Lehrgang präparieren und für die zügige Fortbewegung der Lernenden auf ein Ziel hin sorgen. Die Inhalte sind zu stufen, zu glätten, die Hindernisse zielbewußt als Aufgaben zu dosieren; sie sind von allem zu reinigen, was das gefürchtete »Auf-der-Stelle-Treten« begünstigen könnte, was also Tagträume, abwegige Einfälle und Gegengedanken, zeitraubende und also überflüssige Alternativen zum normalen Lernweg hervorruft. Lehrtexte, Lehrmedien, Lehrgriffe wie etwa die sogenannte Lehrerfrage, deren fiktiver Charakter ja verschiedentlich registriert wurde (Aebli, 1961; Gadamer, 1975, S. 345f.) – diese Übermittlungshilfen spielen im allgemeinen auf einem geradlinigen Lehrgang; auch Übungen und Wieder-holungen sollen zur Zurücklegung des Lernwegs helfen – sie sollen Zögerliches austreiben und Sicherheit schaffen. Übun-gen im Unsicherwerden, im Auf-der-Stelle-Treten, das ist un-serer Belehrungsidee ein widersinniges Unterfangen. Und konsequenterweise sind dann auch alle Spielarten von Weltan-eignung und Selbstvergegenwärtigung, die nicht linear und zielgerichtet ablaufen, aus dem offiziellen Lehr- und Lernpro-gramm weitgehend ausgelagert, in Meditations- und Selbster-fahrungskurse, in Psychodrama- oder Yoga-Gruppen, in thera-peutische Angebote zu anderer Bewegung, in »Östliches«. Der westlichen Rationalität, so scheint es, ist nur die lineare und uhrzeitgerechte Zurücklegung angemessen. Wobei, im Fall der institutionellen Lehre, der Lehrer auch als Zeitnehmer fungiert und Ranglisten-Placierungen vornehmen kann.

In dem Buch »Was ich über Adolf Hitler gehört habe« wird von der Sonderschülerin Marie berichtet: »Er (Hitler) ist in die Kinderheime hineingegangen und sagte zu den Kindern: ›Komm, wir gehen spazieren‹. Die Kinder gingen mit. Er brachte sie um, er schmiß sie in eine Grube und verbrannte sie« (zit. nach Knigge, 1988, S. 42).

Wie ist diese Äußerung einzuschätzen? Ein erster Blick mag registrieren, daß Marie etwas von den Euthanasieverbre-chen der Hitlerzeit gehört hat – daß freilich ihre Kenntnisse höchst lückenhaft sind – daß der personalisierenden, fast mär-chenhaften Darstellung kritisch-historisches Verständnis durchaus abgehe. Wer solcherart nur Mängel und Verzerrun-gen gewahrt, sieht in der Äußerung auf das, was sie inhaltlich bezeichnet, und vermag vorwiegend nur Entstellungen dieses Signifikats zu erkennen. Eine Aufforderung also an die Auf-klärer und Belehrer, das falsche Signifikat durch ein richtiges zu ersetzen; Marie, deren Bewußtseinsverformungen durchaus ernst genommen werden können, ist aufzuklären – Schritt für Schritt, unter Berücksichtigung ihrer Schwächen und Schäden. So wird freilich die Äußerung Maries von der Subjektivität ei-nes bestimmten Menschen abgeschnitten betrachtet und der didaktischen Behandlung (durch zulänglichere Informationen) anheimgegeben. *Volkhard Knigge*, der in seiner grundlegenden geschichtsdidaktischen Arbeit diese Überlegungen anstellt, deutet Maries Äußerung anders. Er vermißt in der Aufmerksamkeit, die nur inhaltliche Defizite registriert (Signifikat-Defizite also) die Sensibilität für den Sinn, den diese »Geschichtsgeschichte« (wie *Knigge* die subjektive Version zu nennen vorschlägt) trägt. Es handelt sich in der Äußerung Maries nicht um eine (weitgehend mißglückte) Tatsachenangabe, es handelt sich – wie *Knigge* an *Lacan/Freud* angelehnt sagt – um einen »Signifikanten des Begehrens«, also um eine Darstellung, deren Sinn sich auch aus unbewußtem Begehren und seinen endlosen Konflikten und Ängsten speist:

»Aus dem Wissen oder Unwissen auf der Ebene des Signifikats (d.i. des inhaltlichen Gemeinten) werden Signifikanten (Bedeutungsträger) des Begehrens, Methaphern einer anderen Geschichte, so daß der auf diese Weise entstehende, aus der Perspektive des Wissens möglicherweise falsche, unlogische, irrationale Diskurs, dem Subjekt selbst vollständig plausibel und unverzichtbar erscheint und Träger einer Wahrheit ist, der Wahrheit (der Geschichte) des Subjekts« (Knigge, 1986, S. 153).

Das Ziel der Wissensbereinigung greift deswegen zu kurz, weil es die Menschen amputiert. Die Ordnung des Begehrens wird vernachlässigt, die Menschen werden zu Prothesen für sachangemessene kognitive Operationen geschrumpft. Was stört und quertreibt, wird als intellektuelles Defizit verrechnet und behandelt. Wo solche persönlichen, sachlich verzerrten aber subjektiv sinnvollen und Wahrheit tragenden Geschichtsversionen verboten und vertrieben werden, dort – so *Knigge* – wird das Subjekt vertrieben:

»In der Abwesenheit von Geschichtsgeschichten müssen wir mit *Lacan* die Abwesenheit des Subjekts in seiner schärfsten Form erkennen; mag sie nun einer Austreibung oder einer Selbstzensur, wie sie in der Schule aus Opportunitätsgründen nahe liegt, verdankt sein. Denn das Subjekt ist nur ganz da und kann nur dort ganz sein, wo volles Sprechen ihm erlaubt und möglich ist« (Knigge, 1986, S. 156).

Die »inoffiziellen Weltversionen« (vgl. Rumpf, 1979, S. 209ff.), die oft abseitigen und querschlagenden Phantasmen, die sich den diversen Inhalten der Kulturüberlieferung ankristallisieren und sie verfremden – sie können nicht als auszurottendes Unkraut angesehen werden. Langeweile oder Interesse – sie hängen damit zusammen, ob ein Autor, ein Lehrer, ein Leser außer mit Sachinhalten auch in belebende Berührung mit den aus der Ordnung des Begehrens aufsteigenden und die normalen Weltbilder zerklüftenden Phantasmen kommt.

Wie also ist die Geschichte der Sonderschülerin Marie dann aufzufassen? Sie birgt subjektive und objektive Wahrheit (obwohl sie sachlich nicht stimmt):

»Gerade diese Geschichte führt uns so scharf und deutlich wie eben nur denkbar vor Augen, wie Angstphantasien, besser: Angstrealitäten und Alpträume von in Konzentrationslagern eingepferchten und in Euthanasieheimen internierten Kindern ausgesehen haben können und ausgesehen haben werden. Welcher andere Text, es sei denn, wir hätten einen Text der gequälten Kinder, könnte wahrer und dichter sein?« (Knigge, 1988, S. 120).

Der Text trägt also nicht nur subjektive Wahrheit, insofern sich in ihm eine persönliche, eine subjektive Angstphantasie niederschlägt, die sich bestimmter unvollständiger Geschichtsinformationen bemächtigt, sie überlagert hat. Die Pointe von *Knigges* an *Besançon, Guattari, Freud, Lacan* angelehnten Überlegungen liegt darin, daß in diesen subjektiven Resonanzen ebe.⸱ auch eine Dimension des realen historischen Geschehens »empfangen«, daß sie übertragen wird – eine Übertragung auf der Ebene des Begehrens, von Unbewußt zu Unbewußt. Und diese Dimension wird durch korrekt erforschte Geschichtsgegebenheiten nicht zugänglich. Die subjektiven Ängste, die in der Lebensgeschichte Maries wurzeln – die Ängste im Alptraum von den verlockten und verratenen Kindern – sie *empfangen* die Ängste der Kinder in den Vernichtungseinrichtungen des Nationalsozialismus. Und sie geben sie wieder, im Bild. Auch eine Art des Begreifens zwischen Wachen und Schlafen wird hier freigelegt, eine Art, die querliegt zu der linearen Erledigung eindimensional gemachter Geschichtsbegebenheiten.

Was dem ersten Blick als unzulängliche Informiertheit, als pure Verzerrung, als zu beseitigender Defekt – bestenfalls als

Anknüpfungspunkt für eine sachangemessene Information erschienen ist, das kann dem zweiten Blick als Umschlag in ein Fremdwerden erscheinen. Das fremd Gewordene läßt Züge (im Fall Maries der Hitler-Geschichte) erkennen, für die der der Ordnung des Wissens ausschließlich verpflichtete Blick blind war.

Damit ist nicht gesagt, daß die Ordnung des Begehrens das erste und das letzte Wort behalten müsse und dürfe. Ein Widerspiel der Hinsichten, der Verzicht auf die Marginalisierung und Ausgrenzung der Ordnung des Begehrens, der sich in den Signifikanten niederschlagenden Verzerrungen, Brüche, Überlastungen – dieser Verzicht muß einer Tradition schwer fallen, die Belehrung, Wissensweitergabe *gegen* die Ängste und Wunschträume von Menschen durchzusetzen gewohnt ist.

Die in diesem Abschnitt etwas ausgeleuchteten Beispiele kommen darin überein, daß es in ihnen nicht um gestufte Überwindung von Unklarheiten und Schwierigkeiten geht. Sie sind vielmehr den Lehrprozessen zuzuordnen, die *Plessner* unter dem Begriffspaar »Fremdheit und Vertrautheit« zu fassen vorgeschlagen hat und die sich keinem linearen und kontinuierlichen Zeitschema fügen.

In Wahrnehmungen und Bewegungen, in landläufigen Redewendungen und Informiertheiten stecken Festlegungen – aufgezwungene oder eingewöhnte. Alle hier zitierten Beispiele haben es mit Vorgängen zu tun, in denen diese Festlegungen als solche bewußt werden, wobei die sichere Routine umschlägt: die Wahrnehmung, die Bewegung, das Sprechen, das Nachdenken gewinnt zögerlich tastende Züge. Es wird verlangsamt und erschwert. Nicht durch Außenzwänge, sondern eben durch Verflüssigung der in sie eingelagerten Festlegungen. Sie werden gespürt und ein gewisser Schwindel der Desorientierung macht sich bemerkbar. Wer ihn nicht wahrhaben oder durchstehen will und ihn mit Könnerschaften unverzüglich vertreiben muß, der verweigert den schmerzvollen Verlust, von dem *Plessner* in der zu Beginn dieses Abschnitts erörterten Abhandlung mit guten Gründen meint, er sei die Bedingung dafür, daß der Mensch an den ihm scheinbar so vertrauten Dingen und Inhalten, »etwas für seine Erfahrung« habe (Plessner 1983, S. 94). Die oft nur angedeuteten theoretischen Akzentuierungen der vorgebrachten Beispiele stammen aus verschiedenen Quellen. Sie aufeinander abzustimmen war nicht Ziel – es ging um eine möglichst detailreiche Schärfung der Aufmerksamkeit für den »entfremdenden Blick« – und für die Kunst, ihn in Szene zu setzen. Der folgende Abschnitt sucht bei einigen Forschern in die Schule zu gehen, die auch Lehrer dieses entfremdenden Blicks waren oder sind.

# 3. Lehrstücke des Aufspürens

# 3.1 Freud führt seine Hörer ein

Daß ein Lehrer denen, die bei ihm in einer Veranstaltung etwas lernen wollen, zu Anfang auf kommende Schwierigkeiten hinweist; daß er warnt, sie zu unterschätzen und abrät wiederzukommen, weil man die angekündigten Lasten nicht auf sich zu nehmen gewillt ist – alles das mag vorkommen. Das landläufige Bild vom Lehren hilft, solches in bestimmter Weise einzuordnen: Wissensvoraussetzungen, Forderungen an persönliche Vertiefungsarbeit, Abstraktionshöhe, Stoffmenge – das sind übliche Warnungen davor, einen Kurs auf die leichte Schulter zu nehmen. Hinweise auf die Schwierigkeit einer geforderten Abschlußprüfung tun ein übriges. Verständlich – denn ein Lehrer ist ja einer, der eine Menge an Informationen, Erkenntnissen, Techniken selbst beherrscht und dosiert so weiterzugeben hat, daß seine Schüler diese Informationen, Erkenntnisse, Techniken sich aneignen, d. h. übernehmen, nach ihren Kräften. Die Vielfalt des Wissens, die Verzweigtheit der Probleme, die Fachsprache und vieles andere kann die Schüler überfordern. Der so verstandene Lehrer hat den Stoff in die Schüler durchzusetzen; er hat das technische Problem, die Stoffmenge optimal zu organisieren, daß die Schüler ihn fassen. Der Jargon hat deftige Ausdrücke dafür: kapieren, fressen, schlucken. Sein Problem ist dem technischen Problem des Straßenbauingenieurs verwandt, der bestimmte Boden- und Landschaftsverhältnisse berücksichtigen muß (der Lehrer hat Vorkenntnisse und kognitives Anspruchsniveau zu berücksichtigen), wenn er die konzipierte Straße darauf unterbringen will. So wird der Lehrer sein Wissen über technische Verbesserungen des Lernprozesses einsetzen – Bilder, Veranschaulichungen, zur Motivation eingesetzte Überraschungen, Problemstellungen und Animierungen zum Problemlöseverhalten beispielsweise. Dominierend in seinem und der Schüler Bewußtsein ist das technische Bild- die zu behebenden Schwierigkeiten sind da technischer Art; die Inhalte, die Lernaufgaben können nicht bewältigt werden. Die in jeder sprachlichen Äußerung auch steckenden Geltungsansprüche, die in jeder Anrede steckende Aufforderung, Geltungsansprüche zu akzeptieren, die in jedem Angesprochenen damit eröffnete Möglichkeit, nach Gründen zu fragen und den Geltungsanspruch zu bezweifeln – diese Dimension bleibt im landläufigen Verständnis von Belehrung latent. Nicht, daß der Inhalt nicht akzeptiert werden könnte, ist die Hauptsorge der am Lehrgeschäft Beteiligten – sondern daß er nicht zulänglich aufgefaßt und assimiliert worden ist.

Die ersten »Vorlesungen zur Einführung in die Psychoanalyse« lassen sich als exemplarische Lehrtexte einer anderen Art von Belehrung lesen. Auch *Freud* warnt, ja rät sogar ab, weiter zu den Vorlesungen zu kommen. Nicht wegen der vorauszusetzenden Vorkenntnisse – im Gegenteil, er fühlt sich durch den Wortlaut der Ankündigung (»Elementare Einführung in die Psychoanalyse«) geradezu gehalten, »Sie (d. h. die Zuhörer) so zu behandeln als wüßten sie nichts und bedürften einer ersten Unterweisung« (Freud, XI, S. 7). Das Kommende ist anders als nur technisch schwierig zu fassen. Die eingefleischten Erwartungen der Hörer an eine Vorlesung (aus dem Umkreis der medizinischen Lehre) – sie müssen enttäuscht werden. Und zwar in verschiedener Hinsicht sind Enttäuschungen zu verarbeiten (das ist offenbar eine andere Leistung als die, die darin besteht, ein anspruchsvolles Wissensprogramm kognitiv zu bewältigen):

(1) Die Erwartung, man bekomme mit sinnlich-handgreiflichen Belegen bestimmte Erkenntnisse bewiesen und vorgeführt, wie man das im medizinischen Unterricht gewöhnt ist – diese Erwartung müssen sich die Zuhörer abschminken:

»So spielt der medizinische Lehrer vorwiegend die Rolle eines Führers und Erklärers, der Sie durch ein Museum begleitet, während Sie eine unmittelbare Beziehung zu den Objekten gewinnen und sich durch eigene

Wahrnehmung von der Existenz der neuen Tatsachen zu überzeugen haben. – Das ist leider alles anders in der Psychoanalyse« (Freud, XI, S. 9).

Das Geschehen, in dem die Psychoanalyse spielt, findet über den Austausch von Worten statt, und es ist prinzipiell nicht durch Dritte von außen beobachtbar; es verschwindet, wenn es nicht im Rahmen des Gesprächs zwischen Arzt und Patient bleibt:

»Das Gespräch, in dem die psychoanalytische Behandlung besteht, verträgt keinen Zuhörer; es läßt sich nicht demonstrieren« (Freud, S. 10).

(2) Die Erwartung, man bekomme – wenn schon nicht Ergebnisse demonstriert, dann doch wenigstens bestimmte Techniken in dem Kurs beigebracht; Techniken, mit deren Hilfe man Patienten heilen könne, auch diese von landläufigem Unterricht abgeleitete Erwartung kann der Lehrer Freud nicht erfüllen:

»Psychoanalyse erlernt man zunächst am eigenen Leib, durch das Studium der eigenen Persönlichkeit... Dabei holt man sich die gesuchte Überzeugung von der Realität der Vorgänge, welche die Psychoanalyse beschreibt, und von der Richtigkeit ihrer Auffassungen... Man kommt viel weiter, wenn man sich selbst von einem kundigen Analytiker analysieren läßt. Dieser ausgezeichnete Weg ist natürlich immer nur für eine einzelne Person, niemals für ein ganzes Kolleg auf einmal gangbar« (Freud XI, S. 12).

Die distanzierte Haltung, die Lehrstoff lernen will – sie kommt offenbar an die gemeinte Sache nicht heran. Man kann es nicht beigebracht bekommen – von einem Lehrer z.B., der gut erklären und illustrieren oder experimentieren kann. Worum es eigentlich geht, das muß man am eigenen Leib spüren; man muß in bestimmter Weise auf *sich* aufmerksam werden. *Freud* erklärt, er könne niemandem Psychoanalyse beibringen wie einen Lehrstoff. Und kommt so zu der paradoxen Ouvertüre seiner Vorlesung. »Ich rate Ihnen eigentlich ab, mich ein zweites Mal anzuhören« (Freud XI, S. 8).

Weil er es für fast aussichtslos hält, daß die Zuhörer aus ihren eingeschliffenen Erwartungen über einen richtigen wissenschaftlichen Lehrstoff und über seine angemessene Vermittlung herausschlüpfen können; daß der Inhalt der Psychoanalyse in welcher Verkürzung auch über die Rampe kommen könne, wenn das übliche didaktische Spielfeld betreten wird, bei dem der Lehrer sein Wissen demonstrieren und überliefern soll; bei dem der Lehrer durch augenscheinliche Beweise überzeugt:

»Sie können nur von ihr (der psychoanalytischen Behandlung) hören und werden die Psychoanalyse im strengsten Sinn des Wortes nur von Hörensagen kennen lernen. Durch diese Unterweisung gleichsam aus zweiter Hand kommen Sie in ganz ungewohnte Bedingungen für eine Urteilsbildung. Es hängt offenbar das meiste davon ab, welchen Glauben Sie dem Gewährsmann schenken können« (Freud XI, S. 10).

Der Sprecher beansprucht nicht nur für das Gesagte, sondern auch für seine eigene Position einen Geltungsanspruch. Daß er autorisiert sei – dieser Ausspruch (der in alltäglichen Gesprächen gewöhnlich latent bleibt und nicht herausgefordert wird) wird hier erhoben, und zwar aufgrund der Natur der Sache, die auf glaubwürdige Gewährsmänner angewiesen ist (wenn einer sich nicht selbst in das intime Zweiergespräch oder in die Selbstanalyse begibt).

(3) Die dritte Erwartung, die enttäuscht wird, bezieht sich auf das bei Medizinstudenten der Zeit vorauszusetzende Bild von Krankheit und von Heilung. Die hier zu verhandelnde Art von Krankheit und Heilung sieht beides nicht als Organgeschehen:

»Ihre Vorbildung hat ihrer Denktätigkeit eine bestimmte Richtung gegeben, die weit von der Psychoanalyse abführt. Sie sind darin geschult worden, die Funktionen des Organismus und ihre Störungen anatomisch zu begründen, chemisch und physikalisch zu erklären und biologisch zu erfassen, aber kein Anteil ihres Interesses ist auf das psychische Leben gelenkt worden...« (Freud XI, S. 12/13).

(4) Weiter: Das in dieser Veranstaltung zu Lehrende liegt nicht nur quer zu dem, was man üblicherweise von einer Belehrung im gegebenen institutionellen Rahmen erwarten zu dürfen glaubt – und zwar bezüglich der Qualität des Lehrstoffs, der Art seiner Übereignung, der Rolle des Lehrenden. Er schlägt auch dem ins Gesicht, was die gebildete, die akademische Welt stillschweigend für selbstverständlich hält:

»Mit zweien ihrer Aufstellungen beleidigt die Psychoanalyse die ganze Welt und zieht sich deren Abneigung zu; die eine davon verstößt gegen ein intellektuelles, die andere gegen ein ästhetisch-moralisches Vorurteil. Lassen sie uns nicht zu gering von diesen Vorurteilen denken; es sind machtvolle Dinge, Niederschläge von nützlichen, ja notwendigen Entwicklungen der Menschheit. Sie werden durch affektive Kräfte festgehalten und der Kampf gegen sie ist ein schwerer« (Freud XI, S. 14).

Es handelt sich 1. um die These, daß »die seelischen Vorgänge an und für sich unbewußt sind und die bewußten bloß einzelne Akte und Anteile des ganzen Seelenlebens«. Und 2: Sexuelle Triebregungen spielten sowohl in Krankheiten wie »in den höchsten kulturellen, künstlerischen und sozialen Schöpfungen des Menschengeistes« eine ungemein große, bisher nie gewürdigte Rolle.

Etwas »was die ganze Welt« beleidigt, wird da als Lehrinhalt angekündigt. Und dieses Denken »der ganzen Welt« erscheint nun auch wieder nicht, wie das bei sektiererischen Propheten der Weltveränderung üblich ist, als Inbegriff verwerflicher und betrügerischer Verblendung. »Niederschläge von nützlichen, ja notwendigen Entwicklungen der Menschheit« sind es, die sich gegen Grundeinsichten der Psychoanalyse, wenn das Bild gestattet ist, verbissen und entrüstet wehren. Die Paradoxie, in die Freud sich als Lehrer gestellt sieht, ist deutlicher: er muß gegen Bastionen ankämpfen, denen er Nützlichkeit und Wichtigkeit, ja Notwendigkeit nicht bestreiten kann. Kein Wunder, daß er vom weiteren Besuch der Vorlesung abraten möchte. Zwischen verquere Fronten muß er *die* Hörer bringen, die, so unwahrscheinlich das sein mag – über das Medium Vortrag etwas von Psychoanalyse zu fassen bekommen und seine Thesen akzeptieren.

(5) Es handelt sich bei den zu erwartenden Schwierigkeiten und Ungereimtheiten nicht nur um solche der gedanklichen Auseinandersetzung. Wenn diese Gedanken »die ganze Welt« beleidigen, wird die »ganze Welt« zurückzuschlagen wissen. Freud macht schon im Voraus auf die gesellschaftlichen Folgen etwa für Medizinstudenten aufmerksam:

»Sollte sich aber gar jemand unter ihnen finden, der sich nicht durch eine flüchtige Bekanntschaft mit der Psychoanalyse befriedigt fühlt, sondern in eine dauernde Beziehung zu ihr treten möchte, so werde ich ihm nicht nur abraten, sondern ihn direkt davor warnen. Wie die Dinge derzeit stehen, würde er sich durch eine solche Berufswahl jede Möglichkeit eines Erfolges an einer Universität zerstören, und wenn er als ausübender Arzt ins Leben geht, wird er sich in einer Gesellschaft finden, welche seine Bestrebungen nicht versteht, ihn mißtrauisch und feindselig betrachtet und alle bösen, in ihr lauernden Geister gegen ihn losläßt« (Freud XI, S. 8).

Nicht nur die Autorisierung des sprechenden Gewährsmannes wird in ihrer Geltungsproblematik ans Licht gehoben (vgl. oben 2); nicht nur die Problematik der Geltungsansprüche der inhaltlichen Aussage kommt von vornherein zur Sprache, weil die so ganz anders zu gelten versprechen als die Sätze der medizinisch-naturwissenschaftlichen Vorlesungen; auch die Folgen des Akzeptierens dieser Sätze werden bewußt gemacht, sie werden (andeutend) begründet, sie werden damit bezweifelbar oder akzeptabel – jedenfalls treten sie ins Licht der durch diese Vorlesung angezettelten Erörterung.

Fünf Gruppen von Schwierigkeiten breitet *Freud* in der Eröffnungsvorlesung vor seinen Hörern aus. Er kündigt nicht den Rückgriff auf Wissensvoraussetzungen oder ähnliche technische Bewältigungsprobleme (Stoffmenge, Zeitmangel etc.) an. Eine andere als die intellektuelle Bewältigungsleistung steht an. Nicht der monologische Lehrer, der seine Wissensmenge in die Hörerköpfe durchsetzt, spricht da. Sondern ein Lehrer, dessen Rede auf eine Antwort, auf eine Aktivität der zuhörenden Menschen (Mediziner wie Laien, Männer wie Frauen) angewiesen ist – eine Antwort, die er nicht erzwingen kann und die er, man möchte sagen: mit allen Mitteln auch nicht didaktisch oder mit Überredungskünsten lancieren will. Die Rede hat etwas Fragmentarisches, sie ist unterbrochen, immer wieder – indem sie auf Antwort wartet. Die Widersprüchlichkeit – etwa der Einschätzung dessen, was »alle Welt denkt« – verlangt eine Antwort, eine Erörterung. Der Hörer wird nicht durch eine unwiderlegliche Argumentationsfolge von einer Wissensstufe zur nächsten bewegt – *er* muß sich bewegen. Und diese Bewegung ist nicht vorherzusehen. Alles kommt darauf an, daß sie in Gang kommt. Und *Freuds* Abraten, weiterhin zu der Veranstaltung zu kommen, dürfte darin gründen, daß er zweifelt, ob diese nicht vorhersehbare Aktivität in den Hörern – ohne die seine Rede ein Torso bleibt – bei den schlechten Ausgangsbedingungen in Gang kommen kann. Ob er sie nicht kommunikativ überfordert. Kurz gesagt: *Freuds* Lehre ist kein strategisches Handeln – bei dem Autorität eingesetzt wird, um mittels Einfluß Menschen von A nach B (etwa von Wissensstand A nach Wissensstand B) zu bewegen. Wobei die Menschen nur das technische Problem haben, den Anforderungen gerecht zu werden. *Freuds* Lehre ist kommunikatives Handeln, bei dem in der Rede Geltungsansprüche verschiedener Art in ihrer Problematik offen gelegt und dem Zweifel, der Erörterung zugänglich gemacht werden. Die Hörer sind ihm nicht Leute, denen er etwas beibringen will. Er sagt es ja ausdrücklich: das, worum es da geht, läßt sich nicht wie irgendein Lehrinhalt der Wissenschaften beibringen. Er sagt, für sein Thema, der technischen Vorstellung von Belehren ab. Und, in einer bemerkenswerten Passage, setzt er die Rolle der Hörer seiner Vorlesung in Parallele zu dem Patienten der psychoanalytischen Kur. Wenn sonst ein Kranker einer neuen ärztlichen Technik unterzogen wird – so *Freud* – »so werden wir in der Regel die Beschwerden derselben vor ihm herabsetzen und ihm zuversichtliche Versprechungen wegen des Erfolges der Behandlung geben« (Freud XI, S. 7). Es geht ja um seinen Körper, es geht um eine technische Maßnahme am Kranken – und da mag der Arzt beschönigen, beschwichtigen (so wie ein technisch vorgehender Lehrer auch beschönigen mag, um die Schüler zu ermutigen, auf die Wissensberge loszugehen). Anders im Beginn der psychoanalytischen Behandlung: »Wir halten ihn (den Patienten) die Schwierigkeiten der Methode vor, ihre Zeitdauer, die Anstrengungen und die Opfer, die sie kostet, und was den Erfolg anbelangt, so sagen wir, wir können ihn nicht sicher versprechen, er hänge von seinem Benehmen ab, von seinem Verständnis, von seiner Gefügigkeit, seiner Ausdauer« (Freud XI, S. 7). Dem Patient wird in diesem Fall nichts von den Schwierigkeiten verschwiegen – so wenig wie dem Hörer dieser ersten Vorlesung.

»Wir haben natürlich gute Motive für ein anscheinend so verkehrtes Unternehmen, in welche Sie vielleicht später einmal Einsicht nehmen werden« (Freud XI, S. 7/8).

Wenn der Rückschluß erlaubt ist: weil weder eine Behandlung noch eine Belehrung im technischen Sinn möglich ist, wenn es um die Sache geht, die *Freud* da verhandelt. Der mit technischen Mitteln bewegte Mensch – der kann auch mit Tricks und Beschönigungen vorangebracht werden. Eine solche Bewegung ist der Psychoanalyse sowohl als Lehre wie als Heilkur aber unangemessen.

## Die zweite Vorlesung

Nach einer allgemeinen Einleitung beginnt nun die inhaltliche Darlegung – so eine Alltagserwartung an einen Lehrer. Eine systematisch geordnete Darlegung bei einem Gebiet, das systematisierbar ist – nach eingewöhnten Schemata des Ablaufs: Voraussetzungen, Grundbegriffe, Forschungsstand, Hypothesen, Belege, Ergebnisse, weitere Diskussion. Oder auch nach dem Schema: Grundwissen, offene Probleme, Lösungsversuche, neue Ergebnisse. Die didaktische Welt ist voll von solcherart gegliederten Musterungen eines Lehrablaufs, bei denen der Lehrende in der Position dessen ist, der den Lernenden die Erkenntnisse vorstellt und vorführt. Die Lernenden gleichen den leeren Blättern, die sie dann vor sich haben und die sie mit den neuen Erkenntnissen beschreiben. Jeder Lehrende kennt diese Erwartungshaltung – und hat auch Erfahrung mit dieser Art weitergebender, übermittelnder Didaktik.

Nach *Freuds* merkwürdiger Warnung in der ersten Vorlesung, nach seinen Hinweisen, die hier zu lehrende Materie lasse sich nicht in der üblichen Weise demonstrierend lehren – sie füge sich weder den eingeschliffenen Erwartungen und Gewohnheiten in den Hörern noch den in der Institution Universität gewonnenen Vorstellungen, wie Erkenntnisse weiterzugeben sind – nach diesem paradoxen Auftakt – wie kommt nun diese unmögliche Belehrung in Gang? Nicht durch Klärung von Grundbegriffen, durch Definitionsmühen, durch Hinweise auf Basisliteratur, durch Abgrenzung von anderen Positionen, durch kursorische Hinweise auf Wissensvoraussetzungen, auf die aufgebaut würde.

»Meine Damen und Herren! Wir beginnen nicht mit Voraussetzungen, sondern mit einer Untersuchung. Zu deren Objekt wählen wir gewisse Phänomene, die sehr häufig, sehr bekannt und sehr wenig gewürdigt sind, die insofern nichts mit Krankheiten zu tun haben, als sie bei jedem Gesunden beobachtet werden können« (Freud, XI, S. 18).

Der Lehrer Freud zieht seine Hörer in eine »Untersuchung« hinein, konfrontiert sie bewußt unvermittelt (d.h. ohne Zurechtlegung von Fragestellungen, Methoden, theoretischen Vorannahmen) mit einigen »sehr bekannten«, »sehr häufig« auftretenden Phänomenen; und zwar nicht (wie das bei einer Vorlesung vor vielen Medizinstudenten als normal gelten dürfte) mit irgendwelchen Krankheitsphänomenen. Es geht um Dinge, die bei Gesunden zu beobachten sind. Die Zuhörer sind mit dem zweiten Satz aus der Distanz derer, die Krankheiten studieren, ein Stück weit herausgeholt.

»Sehr wenig gewürdigt« seien die verbreiteten, allbekannten Phänomene – und damit ist der Inhalt angekündigt. Es geht demnach darum, Phänomenen etwas von der Bekanntheit zu nehmen, die zu einer bestimmten Art von Würdigung führt. Auch hier wird für die Zuhörer in den ersten zwei Sätzen ein Souveränitätsverlust angekündigt – weder die distanzierte Perspektive des Krankheitsforschers (oder des Wissenschaftlers, der zunächst seine Voraussetzungen auf den Tisch legt, um dann zu Folgerungen zu schreiten) noch die Überlegenheit dessen, der sich der landläufigen Einschätzung dessen beugt, was wie zu würdigen ist, was als wichtig und des Nachdenkens wert gelten kann und was nicht, beides wird angetastet. Und schon damit sind die Zuhörer in ein Gespräch gezogen. Wenn es um Abräumen von Bekanntheiten bezüglich dessen, was sehr verbreitet ist, geht, dann geht es also nicht um die Mitteilung von Erkenntnissen, die Experten in esoterischen Verfahren ermittelt haben. Dann ist jeder Zuhörer Experte. Und wiederholt formuliert *Freud* den Gang der Vorlesung als das Hin und Her eines imaginierten Gesprächs (»Sie aber werden mir unmutig entgegengehalten... Ich würde ihnen antworten...« Freud XI, S. 19). Das ist nicht eine aufgesetzte didaktische Fassade zu Verlebendigung, sondern entspricht dem Inhalt der »Untersuchung«, die nichts tut als allbekannte Phänomene von allbekannten Einschätzungen und Deutungen abzulösen; und zwar dadurch, daß sie diese Einschätzungen und Deutungen als solche bewußt und dadurch der Prüfung zugänglich macht – ein Verfahren der Reinigung des Kopfes, der Zersetzung bekannter Einordnungen im Gespräch kommt in Gang, das in vielen Zügen an die sokratische Prüfung erinnert. Man könnte die Vorlesung in einen sokratischen Dialog vom Stil der frühen platonischen Dialoge (wie *Eutyphron, Charmides, Protagoras,* vgl. *Rumpf,* 1971, S. 204–219) umkomponieren, ohne die Substanz zu verletzen. Die Vorlesung ist ein Dialog in Gestalt eines Vortrags – der Vortragende mobilisiert in sich mindestens zwei Gesprächspositionen: den Zweifler und den Verteidiger bezüglich des Allbekannten.

Was sind die »gewissen Phänomene«? Versprechen, verlesen, vergessen (von Namen und Vorsätzen), verlegen (von Gegenständen), verlieren, bestimmte zeitweilige Irrtümer und ähnliches – solche »Vorfälle« werden skizziert, verbunden »durch die gleiche Bezeichnung mit der Vorsilbe ›ver‹ –«, die eine »innere Verwandtschaft« andeutet; sie sind freilich »fast alle von unwichtiger Natur, meist von sehr flüchtigem Bestand, ohne viel Bedeutung im Leben der Menschen... erregen nur schwache Affekte« (*Freud,* XI, S. 19). Womit der vortragende Lehrer sich die Einschätzung des normalen Bewußtseins zu eigen gemacht hat. Aber auch ankündigt: »Für dieses Phänomen will ich also jetzt ihre Aufmerksamkeit in Anspruch nehmen«. Und sogleich bringt er den Widerspruch, den in den Zuhörern aufgescheucht zu haben er vermutet, auch zur Sprache und fährt in einer längeren Gegenrede fort: Wieso die Vergeudung von Arbeit und Interesse an solche Nichtigkeiten – wenn es doch unstrittig viele »großartige Rätsel« auf dem Gebiet des Seelenlebens gibt, »die Aufklärung fordern und verdienen«? Halluzinationen, mit schärfstem Verstand als wahr vertretene Wahngebilde – ja, das sind Rätselthemen von Format! Die erste Verteidigung jener Einschätzung, die als normal gelten kann: Sensationelle Probleme, nicht Kleinigkeiten sollen die Wissenschaft beschäftigen. Was soll es bringen, Gedanken auf das zu verschwenden, was in keinem Leben eine wichtige Rolle spielt? Wissenschaftlicher Vollständigkeitswahn? Bloße Suche nach noch Unbearbeitetem?

Der Dialog wird deutlicher:

»Ich würde Ihnen antworten: Geduld, meine Damen und Herren! Ich meine, Ihre Kritik ist nicht auf der richtigen Spur... Aber verwechseln Sie in Ihrer Kritik nicht die Großartigkeit der Probleme mit der Auffälligkeit der Anzeichen? Gibt es nicht sehr bedeutungsvolle Dinge, die sich unter gewissen Bedingungen und zu gewissen Zeiten nur durch ganz schwache Anzeichen verraten dürfen?« (Freud XI, S. 20/21).

Beispiele dafür: Flüchtigste Zeichen der Zuneigung (»eine Verlängerung des Händedrucks«), der Kriminalbeamte, dem unscheinbarste Spuren wichtig sind.

Die Erwiderung also bezweifelt, daß »die Großartigkeit« von Anzeichen auch Bedeutsamkeit signalisiert; dieser Schein kann trügen. Denn es liegt zutage – und hier appelliert der Zweifler nicht an irgendwo gehortete wissenschaftliche Erkenntnisse, sondern an das, was jeder aus Erfahrung wissen kann: Situationen und der in ihnen herrschende Druck (von Konventionen, von Abhängigkeiten, von Kalkulationszwängen) können es mit sich bringen, daß sehr Wichtiges sich in der Gestalt von Beiläufigem und für unwichtig Erachtetem tarnt, tarnen muß. Dann wäre das Augenfällige und jedermann als bedeutsam Einleuchtende für eine ganze Reihe von Vorfällen gerade das Uninteressante; nämlich überall da, wo Macht und Konventionen drücken – so mag der Zuhörer den angezettelten Gedanken bei sich weiterspinnen, zumal er vorher noch ausdrücklich eine paradoxe Ankündigung über die Gegenstände der Psychoanalyse zu hören bekam: »... ihren (der Psychoanalyse) Beobachtungsstoff bilden gewöhnlich jene unscheinbaren Vorkommnisse, die von den anderen Wissenschaften als allzu geringfügig bei Seite geworfen werden, sozusagen der Abhub der Erscheinungswelt« (Freud XI, S. 20).

Der Zweifler am Normalbewußtsein übernimmt nun die Initiative – er läßt sich nicht mehr fragen (wie insachen »Großartigkeit«), sondern er fragt selbst. Der erste Angriff – so etwas Beiläufiges könne prinzipiell keine Wichtigkeit haben – ist zwar auf der prinzipiellen Ebene abgeschlagen. Ob aber gerade die genannten Phänomene mit ihrer eingestandenen praktischen Belanglosigkeit zu solchen gehören, bei denen sich gewichtiger Inhalt mit unscheinbarer Form verbindet, das ist noch nicht einmal in Ansätzen erwiesen. Und so wird das Alltagsverständnis ins Verhör genommen: die Gründe, die für die Nichtigkeit ins Feld geführt werden, müssen auf den Tisch; und dazu wiederum müssen die landläufigen Erklärungen aus der Unbekanntheit hervorgeholt werden, in die sie die Lebensroutine rutschen läßt.

»Wir wollen jetzt irgend jemanden, dem die Psychoanalyse fremd ist, heranziehen und ihn fragen, wie er sich das Vorkommen solcher Dinge erklärt. – Er wird gewiß zuerst antworten: »O, das ist keiner Erklärung wert, das sind kleine Zufälligkeiten«. Nach der Einrede, das könne doch wohl nicht heißen, diese Vorfälle hätten keine Ursache, weil doch dann »das ganze wissenschaftliche Weltbild über den Haufen geworfen« würde, wird »unser Freund die Konsequenz aus seiner ersten Antwort nicht ziehen wollen, er wird einlenken und sagen, wenn er diese Dinge studiere, finde er allerdings Erklärungen für sie. Es handle sich um kleine Entgleisungen der Funktion, Ungenauigkeiten der seelischen Leistung, deren Bedingung sich angeben ließen. Ein Mensch, der sonst richtig sprechen kann, mag sich in der Rede versprechen, 1. wenn er leicht unwohl und ermüdet ist, 2. wenn er aufgeregt, 3. wenn er von anderen Dingen überstark in Anspruch genommen ist« (Freud XI, S. 21).

Es scheint, diese Erklärung der Nichtigkeit wird akzeptiert in dem imaginären Streitgespräch, das dieser Vorlesung den Schwung gibt; in dem Vortrag werden verschiedene Beispiele genannt, die diese Erklärung stützen: »Es ist leicht, diese Angaben zu bestätigen« heißt es zunächst (S. 21); »... kennt jeder von uns aus Erfahrung« (ein Vergessen, weil neue Eindrücke einen alten überlagert haben) heißt es später (S. 22). Die genannte Dreifaktorenerklärung wird ihrerseits noch einmal theoretisch durchdrungen: Ermüdung wie Ablenkung und Erregung rufen eine Umverteilung von Aufmerksamkeit hervor;

die betreffende Leistung bekommt also zu wenig davon ab. »Es würde sich also in allen Fällen um die Effekte einer Aufmerksamkeitsstörung handeln, entweder aus organischen oder aus psychischen Ursachen« (Freud XI, S. 22).

Es scheint, daß der zweite Einwand von der Position des »normalen Bewußtseins«, das sich nicht mit Lappalien abzugeben geneigt ist, zieht. Er wird nicht zurückgeschlagen, er wird ausgearbeitet, bestätigt. Muß die ursprünglich vorgetragene Position die Waffen strecken?

»Dabei (sc. der Theorie der Aufmerksamkeitsstörung, die die Vorfälle aus banalen Erschöpfungen erklären zu können meint) scheint nicht viel für unser psychoanalytisches Interesse herauszuschauen. Wir könnten uns versucht fühlen, das Thema wieder aufzugeben« (Freud XI, S. 22).

Immerhin: die Ankündigung, gerade über diese belanglosen Vorfälle solle gehandelt werden, hat Gegengedanken vorgelockt, die die Nichtigkeit (die lebenspraktisch bewußte, aber kaum je formulierte) nun auch ausdrücklich begründet: Ein technisches Versagen aufgrund von Kraftmangel führt zu Versprechen, Vergessen, Verlieren etc. Immerhin: damit ist zwar die Trivialität gewiß bewiesen (d.h. es stehen keine wichtigen verborgenen Größen hinter den Phänomenen). Aber die Auseinandersetzung hat doch erbracht, daß die im Alltag eingeschliffenen Einschätzungen überhaupt bewußt geworden sind. Man hat nicht nur auf die Phänomene eine Spur weit die Aufmerksamkeit zu lenken begonnen; man hat – im Gespräch, das dem Vortrag eingesponnen ist – auch begonnen, die Phänomene von den eigenen Deutungen und Erklärungen zu unterscheiden. Und zwar im Zug der Verteidigung des schon zuvor Selbstverständlichen. Und, wenn der Kommentar erlaubt ist: dies ist schon ein gewichtiger Lernprozeß, der bis jetzt in Gang gekommen ist. Nur wer diese Ablösung der Vorfälle von den Deutungen im Bewußtsein der Hörer, die auf ihre Lebenspraxis zurückgreifen – nur wer dieses Bewußtwerden geringschätzt, für eine in zwei Sätzen herbeizuführende Lern-Kleinigkeit hält – nur der wird *Freuds* Ausführungen der umschweifigen Langatmigkeit zeihen. Denn dieser Einwand eines didaktischen Kommentators (der landläufige Lehr- oder Handbuchbelehrungen vor Augen hat) läßt sich kaum zurückhalten: Ginge das alles (was als »motivierendes Einführungsgeplänkel« verbucht werden dürfte) nicht viel zügiger zu machen? Wozu die zwei Gegenangriffe des Alltagsverstandes (mangelnde Großartigkeit und Aufmerksamkeitsstörung)? Wozu die aufwendige Bestätigung der Triftigkeit, wenn sie schließlich doch über den Haufen gerannt werden soll? *Freud* ist sehr bemüht, die Position, auf der er seine Hörer vermutet, stark zu machen und ausführlich zur Sprache zu bringen. Das Gegenteil einer Belehrung, die die sogenannten dummen Gedanken, die Vorgedanken der Leser, Hörer, Schüler entweder negiert oder diffamiert oder nur dazu braucht um sie niederzumachen bzw. sie in die eigenen Gedanken einzubauen. Der Gegeneinwand gegen die scheinbar gut fundierte Verteidigung der Erklärung durch Aufmerksamkeitsstörungen kommt auf leisen Sohlen. Es mag ja oft stimmen, aber nicht immer. Und was ist mit den unpassenden Fällen?

»Wir machen die Erfahrung, daß solche Fehlhandlungen und solches Vergessen auch bei Personen vorkommen, die nicht ermüdet, zerstreut oder aufgeregt sind, sondern sich nach jeder Richtung in ihrem Normalzustand befinden... Es kann auch nicht so einfach gehen, daß eine Leistung durch eine Steigerung der auf sie gerichteten Aufmerksamkeit garantiert, durch die Herabsetzung derselben gefährdet wird« (Freud XI, S. 23).

Der routinierte Spaziergänger, der routinierte Klavierspieler – sie werden als Belege dafür vorgeführt, daß Leistungen auch bei Aufmerksamkeitsentzug gelingen können.

Die Souveränität des zunächst nachdrücklich ausgearbeiteten Urteils (alle Fehlleistungen erklären sich aus Aufmerksamkeitsstörungen) wird nachhaltig erschüttert. Die subsumierende Einordnung klammert wichtige, auch jedermann bekannte Phänomene aus. Auch hier: Die Auseinandersetzung mit dem eingeschliffenen und normalen Weltbild geschieht nicht durch Zuziehung irgendwelcher Forschungsbefunde, sondern durch Hinweise auf die Erfahrung. Es wird ein innerer Konflikt im Hörer angezettelt – ein Konflikt zwischen bestimmten Erklärungen und bestimmten Erfahrungen, die zu diesen Erklärungen schlecht passen, was freilich der Hörer kaum je gemerkt hat. Fazit des neuerlichen skeptischen Gegenzugs:

>Wenn jemand in einer wichtigen Rede oder mündlichen Verhandlung durch ein Versprechen das Gegenteil von dem sagt, was er zu sagen beabsichtigt, so ist das nach der psycho-physiologischen oder Aufmerksamkeitstheorie kaum zu erklären« (Freud XI, S. 23).

Und eine Seite im Manuskript der Vorlesung verwendet *Freud* nun noch darauf, »kleine Nebenerscheinungen« von Fehlleistungen aufzuzählen, die mit der Theorie von der Aufmerksamkeitsentziehung nicht aufzuklären sind: Unfähigkeit, die Aufmerksamkeit auf etwas zu lenken, auf das man mit aller Kraft aufmerken will; Fehlerhäufungen trotz aller gegen die Fehler gerichteten Aufmerksamkeit z.B. (S. 24/25). Jedenfalls: Die scheinbar so plausible Kraftentzugstheorie hat schon für den ersten kritischen Blick Schwächen.

Aber die gesamte seitherige Debatte wird in diesem Stadium der Überlegung, in dem die Erklärungsmuster bewußt geworden sind, neu problematisch. Haben wir seither nicht die Vorfälle unter einem ganz beschränkten Gesichtspunkt betrachtet und bei der Mühe um Einschätzung immer nur danach gefragt »Wann, unter welchen Bedingungen man sich verspricht, und auch nur darauf eine Antwort bekommen« (*Freud*, 25)? Man hat also – dies der Stachel – so getan, als könne die Erklärung für das merkwürdige Fehlgehen einer Handlung nur in den äußeren und inneren Bedingungen (Erschöpfung, Erregung, Überlastung) liegen. Man hat nur das »*Dass*« der Fehlleistung in den Blick gefaßt – so als seien alle Fehlleistungen über einen Kamm zu scheren; als dürfe man ohne weiteres *ein* Versprechen, *ein* Vergessen, *ein* Verlieren einem anderen gleichsetzen, nur weil ein allgemeines Merkmal (zeitweise Herausfallen einer alltäglichen Handlung aus dem routinierten Können) an den verschiedenen Handlungen zu beobachten ist. Den zu beobachtenden allgemeinsten Merkmalen der Handlung (die als Fehlhandlung klassifiziert wird) entspricht dann die Erklärung durch allgemein zu beobachtende Merkmale in den Bedingungen.

Das Scheitern der Erklärung durch Aufmerksamkeitsentziehung hat gezeigt, daß in dieser Art, sich die Phänomene zu Gesicht zu bringen, Mängel stecken müssen.

»Man kann aber auch sein Interesse anders richten und wissen wollen, warum man sich gerade in dieser Weise verspricht und in keiner anderen; man kann das in Betracht ziehen, was beim Versprechen herauskommt... Wenn sich mir ein Versprechen ereignet, könnte ich mich offenbar in unendlich vielen Weisen versprechen, für das eine richtige Wort eines von tausend anderen sagen, ungezählt viele Entstellungen an dem richtigen Wort vornehmen. Gibt es nun irgend etwas, was mir im besonderen Falle von allen möglichen gerade die eine Weise des Versprechens aufdrängt, oder bleibt das Zufall, Willkür und läßt sich zu dieser Frage vielleicht überhaupt nichts Vernünftiges vorbringen?« (Freud XI, S. 25).

Wenn die Betrachtung allein auf das Merkmal kurzzeitiger, schnell revidierter Fehler achtet, macht sie sich selbst blind für die inhaltliche Qualität, den Sinn des Gesagten. Eben weil sie von der Annahme ausgeht, Unsinn bzw. Fehler sei gleich Unsinn bzw. Fehler. Diese Annahme freilich wird jetzt bewußt – als Annahme. Und als eine, die vielleicht schuld daran sein könnte, wenn eine befriedigende Erklärung der Fehlhandlungen scheitert. Der Vortragende macht auf den blinden Fleck aufmerksam: Wer hat etwas dazu zu sagen, was den spezifischen Inhalt, den Wortlaut von Fehläußerungen angeht? Er eröffnet sozusagen das Gespräch von neuem, er hält Ausschau nach Gesprächspartnern, die die *Qualität* von Vorkommnissen der genannten Art ernst nehmen und bei ihren Erwägungen mit veranschlagen.

Nicht mehr »irgend jemand« wird jetzt gefragt, sondern zwei Vertreter der Wissenschaft, die sich auf sprachliche Qualität konzentrieren. Der Gesprächskreis, der imaginäre, ist erweitert. Partner, die Wissen in kulturell anerkannter Weise produzieren und publizieren, sind jetzt mit von der Partie. Was haben sie beizutragen, *Meringer* und *Mayer* (ein Philologe und ein Psychiater in einer Veröffentlichung von 1895)?

Beispiele haben sie gesammelt – und aus dem Vergleich haben sie Erklärungen entwickelt:

»Sie unterscheiden die Einstellungen, welche die intendierte Rede durch das Versprechen erfährt, als: Vertauschungen, Vorklänge, Nachklänge,

Vermengungen (Kontaminationen) und Ersetzungen (Substitutionen)«. Z.B. Vertauschungen: »Die Milo von Venus« – statt »Die Venus von Milo«; Vorklang: Es war mir auf der Schwest... auf der Brust so schwer: Nachklang: »Ich fordere sie auf, auf das Wohl unseres Chefs aufzustoßen« (Freud XI, S. 26).

Die beiden Wissenschaftler führen Lautbeziehungen und Ähnlichkeitswirkungen im Wortklang zu Felde. Ein sogenanntes hochwertiges Element steckt, klanglich, ein sogenanntes minderwertiges an. Der Sprecher läßt sich vom Klang, von seiner eigenen Trägheit (die zum Reproduzieren neigt) verlocken.

Lapidar kontert der vortragende Lehrer: »Der Erklärungsversuch, den die beiden Autoren auf ihre Sammlung von Beispielen gründen, ist ganz besonders unzulänglich« (Freud XI, S. 26). Die Ähnlichkeit der Wortklänge verzichtet ja immer noch auf den Sinn, den die Worte und die sich in ihnen äußernden Fehlhandlungen haben. Genügt es wirklich, den reinen Wortklang und seine Verwandtschaft zur Erklärung heranzuziehen, wenn ein Professor sich brisant so verspricht: »Ich bin nicht *geneigt* (geeignet), die Verdienste meines Vorgängers zu würdigen«. Oder ein anderer Professor: »Beim weiblichen Genitale hat man trotz vieler Versuchungen... Pardon: Versuche...« (Freud XI, S. 27).

Waren die Erklärungen durch Aufmerksamkeitsentzug bei dem über alle inhaltlichen Besonderheiten hinausgehenden Merkmal der Schwächung verblieben, um die Fehlhandlung zu erklären, so bescheiden sich die genannten Wissenschaftler bei klangtechnischen Unglücken – bei einem technisch zu erklärenden Versagen. Beide Male bleibt der besondere Sinn gerade dieses Versprechens von vornherein außen vor. Als sei dieser Sinn keine rational oder gar wissenschaftlich zu bearbeitende Größe. Und es ist ja in der Tat eine Zumutung, in dem offenkundigen Nicht-Sinn nach Sinn zu fahnden (ähnlich dem Kriminalisten, der im Abseitigen nach Zusammenhängen sucht). Gerade der Nicht-Sinn hat ja auch die Erklärungsbemühungen dazu gebracht, mechanisch-technische (d.h. prinzipiell von menschlicher Sinngebung freie) Zusammenhänge zwischen isolierbaren Daten als Erklärung heranzuziehen.

Aber: es hilft nichts, alle diese Erklärungen, auch die von Wissenschaftlern beigebrachten, prallen an manchen der merkwürdigen Fehlleistungen ganz offensichtlich ab – und zwingen den Blick geradezu auf den inhaltlichen Sinn des Gemeinten oder nicht Gemeinten:

»Die gewöhnlichste und auch die auffälligste Art des Versprechens ist aber die zum genauen Gegenteil dessen, was man zu sagen beabsichtigt... Es gibt historische Beispiele dieser Art: Ein Präsident unseres Abgeordnetenhauses eröffnete einmal die Sitzung mit den Worten: Meine Herren, ich konstatiere die Anwesenheit von... Mitgliedern und erkläre somit die Sitzung für geschlossen« (Freud XI, S. 27).

Kein Wortklang, allenfalls eine begriffsinhaltliche Gegensatzbeziehung könnte hier als mutmaßliche Erklärung herangezogen werden – wieder eine technisch-mechanische Erklärung. Kann sie befriedigen?

»Ein Fall von Nachklingen« – nur über eine größere Textstrecke hinweg? Weil unsinnig – deshalb kann die Äußerung nur mechanisch erklärt werden, diese stillschweigende Überzeugung schien hinter allen Erklärungsbemühungen zu stehen. Auch hinter der, die nicht aus den Umständen (Erschöpfung, Erregung) oder aus Kraftverlusten (der Aufmerksamkeit) schlossen, sondern aus dem Wortlaut selbst. Der wurde auch unter dem Gesichtspunkt betrachtet, daß sich klangliche oder inhaltliche Teile der Äußerung vom Sinn gelöst haben und sich auf sinnlosem, auf mechanischem Weg verbunden hätten: eine Art klangliches oder inhaltliches Nachklappern läge vor, und sei es ein Nachklappern, das das Gegenwort produziert (»eröffnet« – »geschlossen«). In immer neuen Wellen wird der Vortragende, der in den Fehlleistungen ein beachtenswertes Phänomen vorzustellen sucht, zurückgewiesen – das Phänomen wird mechanisch erklärt, es hat eben keinen Sinn. Der Schein trügt nicht – das Sinnlose des Fehlers wird aus sinnlosblind ablaufenden mechanischen Prozessen erklärt, die zeitweise die Oberhand gewinnen. Eine Erklärung, die das eingeschliffene Weltbild nicht durcheinander bringt: mechanische Prozesse sind allemal unbeabsichtigt und sinnfrei; weil sie zeitweise in absichtsgetragene Handlungen durchschlagen, entstehen Fehlleistungen.

Einerseits ist diese Position (mit dem »Nachklingen« über Sätze hinweg) ausgereizt – sie hat gegeben, was sie konnte; die gemeinsame Wurzel wird bewußt. Und da setzt der Vortragende zum letzten Angriff an, indem er (a) eine Grundvoraussetzung all dieser das Sinnlose aus Rückfall in Mechanik erklärenden Versuche benennt, eine zu partieller Erblindung führende Voraussetzung; und indem er (b) an einen Eindruck appelliert, den er bei allen zum Vortrag Versammelten in Entstehung begriffen vermutet.

»Ich muß gestehen, ich habe im ganzen den Eindruck, als wären wir jetzt einem Verständnis der Fehlleistungen des Versprechens ferner gerückt denn je! – Indes, ich hoffe nicht irre zu gehen, wenn ich es ausspreche, daß wir alle während der eben angestellten Untersuchung einen neuen Eindruck von den Beispielen des Versprechens bekommen haben, bei denen zu verweilen sich doch lohnen könnte« (S. 28).

Der Eindruck, den *Freud* vermutet: Aus den aufgelesenen Beispielen (eröffnet-geschlossen/Versuch-Versuchung) springt es dem nachdenklichen Betrachter förmlich entgegen, daß sich hierin doch (noch? auch?) etwas anderes äußert als mechanisch zu erklärendes Entgleisen von Wörtern, aus welchen physischen Ursachen auch immer. Der Vortragende setzt auf einen schon lange keimenden Gegenverdacht, der in den Hörern – so vermutet er – sich regen muß; einen Gegenverdacht, der zwar das bequeme und normale Weltbild bezüglich sinnvoller und sinnloser Handlungen durcheinanderwirft – die einen entstehen demnach aus Absichten, die anderen aus blinder Mechanik; der aber durch zutageliegende Phänomene erzwungen und erhärtet wird: In der sinnlosen Äußerung meldet sich eine sinnvolle Äußerung. Das zu sehen, fordert Mut; denn es beleidigt, was alle Welt denkt (in der Ära *Freuds* jedenfalls); es beleidigt den Geist der erklärenden Wissenschaft; es beleidigt die Anteile in den Hörern, in denen die Gesellschaft, die Kultur sich Filter und Repräsentationen geschaffen haben. Das Sinnlose ist prinzipiell sinnlos.

126

»... so müssen wir endlich den Mut finden zu sagen: In einigen der Beispiele hat ja auch einen Sinn, was beim Versprechen zustandegekommen ist. Was heißt, es hat einen Sinn? Nun, es will sagen, daß der Effekt des Versprechens vielleicht ein Recht darauf hat, selbst als ein vollgültiger psychischer Akt, der auch sein eigenes Ziel verfolgt, als eine Äußerung von Inhalt und Bedeutung aufgefaßt zu werden« (S. 28).

Alle bislang ins Feld geführten Erklärungsversuche haben diesen Gedanken, dieses Paradox gescheut, namens der im Alltag eingespielten Einschätzungen wie namens der Wissenschaft. Dieser kleine und beiläufige Fehler, der schnell korrigiert, weggewischt wird und der folgenlos bleibt: er sollte eine »vollgültige« seelische Handlung sein! Das Denkverbot ist zu brechen.

»Oder wenn eine Dame anscheinend anerkennend eine andere fragt: Diesen reizenden neuen Hut haben sie sich wohl selbst aufgepatzt? – so wird keine Wissenschaft der Welt uns abhalten können, aus diesem Versprechen eine Äußerung herauszuhören: Dieser Hut ist eine Patzerei. Oder wenn eine als energisch bekannte Dame erzählt: Mein Mann hat den Doktor gefragt, welche Diät er einhalten soll. Der Doktor hat aber gesagt, er braucht keine Diät, er kann essen und trinken, was ich will, so ist dies Versprechen doch andererseits der unverkennbare Ausdruck eines konsequenten Programms« (Freud XI; S. 28/29).

Der Vortragende bestreitet in der Folge nicht, daß Fehlleistungen auch zuweilen in jeder Hinsicht sinnlos sind, so daß die zuvor angeführten Erklärungen greifen können. Freilich: die mit Sinn verdienen das psychologische Interesse, das sich der »Bedeutung, der Absicht der Fehlhandlung hingeben« (S. 29) möchte. Und in einem letzten Abschnitt dieser Vorlesung lädt der Vortragende ein, noch eine andere Spur zu verfolgen, die die entstehende Aufmerksamkeit bestärken könnte. Er lenkt den Blick auf die Praxis von Dichtern – auf eine Stelle aus »Wallenstein – Die Piccolomini« (I, 5) und aus »Der Kaufmann von Venedig« (III, 2). Schiller wie Shakespeare bedienen sich des beiläufigen und schnell korrigierten Versprechens, um die tieferen Absichten bzw. Ängste ihrer Figuren zum Vorschein zu bringen. Sie also konnten die landläufige Einschätzung von Fehlleistungen nicht in vollem Maß teilen. »Das nächste Mal wollen wir prüfen, ob wir in der Auffassung von Fehlleistungen mit den Dichtern gehen können« (Freud XI, S. 32). Damit endet der Vortrag. Ein Gegenverdacht gegen alle Einordnungen des Sinnlosen unter sinnlos funktionierende Mechanismen ist geschürt – einmal durch die sich zuweilen aufdrängende sinnvolle Programmatik in den Fehlleistungen, zweitens durch den Pakt mit den Dichtern, die offenbar mehr Ahnung haben als »Philologen und Psychiater« (S: 30). Auch die Dichter wurden nicht einfach herangezogen als Autoritäten, denen man doch wohl vertrauen kann – so wenig wie zuvor Wissenschaft nur zitiert wurde, ohne Rücksicht auf die Dinge, die die Zuhörer aus eigener Erfahrung kennen. Es handelt sich da um einen Appell an das verschwiegene, das kaum bewußte Wissen in den Hörern – *Rank* betont in dem von *Freud* angeführten Zitat, »daß die Dichter Mechanismus und Sinn dieser Fehlleistung wohl kennen und deren Verständnis auch beim Zuschauer voraussetzen« (S. 31).

Betrachten wir die Lehrstruktur dieser Vorlesung im ganzen: Der Vortragende legt es darauf an, in den Zuhörern einen Konflikt anzufachen zwischen zweierlei Wissensvorräten: zwischen dem praktisch eingewöhnten Alltagswissen, das dazu neigt, Fehlleistungen als kleine, sinnlose, schnell reparierte Ausrutscher zu deuten (und sich dafür auch aus den renommierten Wissensquellen der Kultur stützende Argumente zu besorgen, wenn es sein muß); und einem Wissen, das quer zu dieser Überzeugung liegt – das nicht umhin kann, Sinn in dem scheinbar bloß Fehlerhaften zu gewahren; das Dichter versteht; das zugesteht, die Belanglosigkeiten könnten dazu gemacht worden sein, weil auch Beiläufiges unstrittig oft wichtige Spuren trägt, die keine offizielle Fassade hergibt. Der Vortrag appelliert an Erfahrungen und Gedanken, die wie ein Stachel sich den Subsumtionen widersetzen. Schon ganz zu Beginn der Vorlesung der Satz: »Es liegt da ein Vergessen vor, welches man anders behandelt als anderes Vergessen, über das man sich wundert oder ärgert, anstatt es begreiflich zu finden« (S. 18/19). Der Konflikt wird in stetem Hin und Her eines imaginären Gesprächs verschärft. Am Ende steht keinesfalls eine Lösung, sondern eine angetastete Sicherheit, die Aporie der so sicher scheinenden Alltagsposition, in deren Netze jedenfalls nicht alle Phänomene passen; aber auch eine gewisse Aporie der stark gemachten Gegenpositionen: Denn wie soll der Sinn des Sinnlosen verständlich zu machen sein? Driftet die Überlegung nicht in absurde Gefilde? Und muß noch bei Dichtern Zuflucht nehmen? Der feste Boden jedenfalls ist durch die Inszenierung des Konflikts zwischen zweierlei Arten und Inhalten des Wissens den Zuhörern genommen; den Wissensarten entsprechen auch verschiedene Ich-Anteile. Wer hat recht – der Alltagsverstand in mir oder der Skeptiker, der auf die nicht ganz abzuleugnenden unpraktischen oder grotesken Gegenerfahrungen pocht?

Die angefachte Unruhe läßt sich noch unter einem anderen Gesichtspunkt betrachten: Die Lebenspraxis entzieht hinsichtlich alltäglicher Dinge den Menschen gewöhnlich die Fähigkeit, ihre eigenen Deutungsmuster noch als solche zu gewahren. Sie werden umstandslos mit den Dingen gleichgesetzt, die sie überformen. Dies ist ein Unfall, jenes ist ein Unsinn oder Zufall. Das langwierige Verfahren, das *Freud* in dieser Vorlesung wählt, bringt es mit sich, daß diese Verlötung von Deutung und Sache gelockert wird. Nicht durch Belehrung über wissenschaftlich gefundene neue Erkenntnisse, sondern durch die Inszenierung eines Gesprächs, das die Schemata im Aufprall auf ihnen Inkommensurables als solche spürbar macht; das also deren Reflexion gewaltlos, im Gespräch, erzwingt. Man muß sich fragen, was es denn war, was einen blind machte für die unstrittig vorliegenden Phänomene (die sich nicht den Erklärungen durch Erschöpfung oder Aufmerksamkeitsschwächung fügen). Und in dieser Lockerung wird das bislang Vertraute fremd und gewinnt unbekannte Züge. Man kennt sich nicht mehr recht aus, im eigenen Bewußtseinshaus. Die eigenen ganz selbstverständlichen Einordnungsgewohnheiten – sie werden mißtrauisch betrachtet: sollten sie auch in anderen Sachzusammenhängen so brüchig, so blind sein? Und die gedeuteten Sachverhalte: Abgelöst von den routinierten Zähmungen gewinnen sie unheimliche Züge. Das Nächstvertraute, gar das Selbstproduzierte – es wird fremdartig. Wie wenn eine

Person, die man zunächst als guten alten Bekannten eingeschätzt und angesprochen hat, sich unvermutet als abweisender Fremdling entpuppt. Man hatte seinem ersten Eindruck zu schnell getraut. So geht es, in Spuren, dem Hörer dieser Vorlesung. So etwas wie ein Schreck mag in dieser Befremdung frei werden, in der sich die Deutungsgewohnheiten aus ihrer Verschmelzung mit Sachverhalten lösen – und zwar aufgrund der eigenen Tätigkeit der Menschen, die sich auf das von *Freud* angezettelte Gespräch einlassen. Eine Aufmerksamkeit entsteht, die nicht mehr auf rasche Bestätigung eigener Zusammenhangsvermutungen (= Hypothesen) aus sein kann. Es gibt in dieser Vorlesung keine Wissensbestände, die etwa demonstrativ vorgeführt würden, zur Kenntnis zu nehmen – aus der sicheren Position des distanzierten Beschauers[11], der sich draußen halten will, um zu erfahren, was »die Wissenschaft« zu sagen, »die Kunst« zu bieten, das »Museum« zur Besichtigung vorzuführen hat. Die Menschen sind aus der Distanzposition gebracht. Und damit ist das eingelöst, was *Freud* in der ersten Vorlesung ankündigte. Die Inhalte der Vorlesung lassen sich nicht als Lehrstoff vermitteln: »Psychoanalyse erlernt man zunächst am eigenen Leib, durch das Studium der eigenen Persönlichkeit... Es gibt eine ganze Reihe von sehr häufigen und allgemein bekannten seelischen Phänomenen, die man nach einiger Unterweisung in der Technik an sich selbst zu Gegenständen der Analyse machen kann« – sagt *Freud* in der ersten Vorlesung, die die Hörer warnte (Freud XI, S. 12). Der Hörer wird nicht informiert und ins Bild gesetzt über das, was die Wissenschaft herausgebracht hat – er muß *sich* bewegen. Ähnlich dem Gesprächspartner des Sokrates, dem die aller Welt selbstverständlichsten Gewißheiten Stück für Stück als Illusion entwunden wurden. Und der sich dann daran machen mußte, selbst nachzudenken, weil er erschrocken merkte, wie er seither von Konventionen der Gesellschaft gewissermaßen gemacht wurde. Der Hörer sieht sich auch nicht in der Rolle des einsamen Problemlösers, der zur Bewältigung eines Problems nach den angemessenen Werkzeugen Ausschau hält (wie ein Monteur, dem die Werkzeuge durchaus äußerlich bleiben). Er ist in seiner Persönlichkeit, in seiner Verwobenheit in eine bestimmte Lebenswelt, in eine Kultur mit approbierten Wissensvorräten und Deutungsmustern, betroffen und herausgefordert. Er ist im Gespräch – er ist keine monologische Figur, die aufgefordert wird, ein Problem zu lösen und dabei operative, sinneutrale, subjektneutrale Beweglichkeit an den Tag zu legen.

Man mag einen Augenblick didaktische Alternativen zu dem von *Freud* hier vorgeführten Verfahren erwägen:

*Stufe I*: Der Dozent trägt die Basisannahme vor: Menschliche Handlungen werden von den im Unbewußten wurzelnden Triebwünschen jedenfalls nachhaltig mitbestimmt.

*Stufe II*: Ein Erscheinungsfeld, an dem sich dieser Einfluß besonders gut demonstrieren läßt, sind die sogenannten Fehlleistungen.

*Stufe III*: Phänomenologie von Fehlleistungen: Beispiele, Beschreibungen.

*Stufe IV*: Vorführung des Sinns von Fehlleistungen, in denen sich unbewußte Wünsche gegen Willen und Wissen des Handelnden durchsetzen.

Eine solche didaktische Einheit ist planbar, in ihrem Ablauf vorhersehbar. Sie kann in Vortragsform abgewickelt werden, aber auch im Lehrgespräch mit sogenannten gelenkten Fragetechniken (Worin dürften sich die Kräfte des Unbewußten melden? Worauf müssen wir bei Fehlleistungen, die psychoanalytisch bedeutsam sind, achten? etc.).

Eine solche Demonstration verzichtet auf die Anstiftung der langwierigen Vorgänge, die zum Bewußtwerden der eigenen Deutungsgewohnheiten führt. Sie teilt Erkenntnisse mit und demonstriert sie. Auch unter der äußeren Form eines Lehrgesprächs ist sie durchaus monologisch: der Lehrer setzt seinen Informationsplan durch; auch unter der äußeren Gestalt der Aktivierung von Kursteilnehmern (die ja z.B. selbst sprechen und Antwort geben dürfen) hat deren Passivierung Platz. Sie werden nicht in ein Gespräch hineingezogen, das sie herausfordert, Geltungsansprüche zu prüfen und unter Rückgriff auf ihre Erfahrung wie ihre Vorgedanken Äußerungen zu untersuchen. Die Sprache hat nicht den Charakter, der Auseinandersetzungen weckt. Die Züge, die dazu herausfordern, bleiben bei der monologisch durchgesetzten Lehre latent. Sie hat den Charakter der autoritativen Mitteilung. Die Inhalte tauchen als Belege auf. Die Sprache schrumpft zum Informationsträger.

Mag ja sein, daß man auf diese Weise über Psychoanalyse Bescheid bekommen kann, daß man Phänomene unter die einschlägigen Begriffe zu subsumieren lernt; mag gewiß auch sein, daß solche Belehrung zeitsparend und effizient ist; daß sie zu prüfbarem Wissen bei den Adressaten führt. Aber – im Vergleich zu dem von *Freud* gewählten Verfahren – lernen so Unterrichtete nicht das, was bei *Lichtenberg* (den *Freud* übrigens am Ende der 2. Vorlesung mit einem anderen Aphorismus zitiert) »Prüfungsgeist« heißt und was durch das Zur-Kenntnis-Nehmen von Bücherwissen zu erlahmen droht.

Die ersten beiden der »Vorlesungen zur Einführung in die Psychoanalyse« können einen Eindruck geben, wie eine Lehre aussieht, die Wahrheit nicht mitteilt, sondern Befremden schafft und so zum Nachdenken, Prüfen, Erörtern anstiftet. Eine Untersuchung, in die man hineingezogen wird, ist etwas anderes als die Übermittlung von Ergebnissen, die aus anderswo und irgendwann veranstalteten Untersuchungen hervorgegangen sind. *Freuds* Lehre in diesen beiden Beispielen zieht in die Untersuchungen hinein – so unmöglich auch das Unterfangen in der Lehrgestalt eines Vortrags zu sein scheint.

# 3.2 Exkurs: Freud, Holmes, Peirce – und sogenannte »abduktive Verfahren«

*Freud* bricht – in der näher betrachteten zweiten Vorlesung – bestimmte allgemein bekannte Vorfälle aus ihrer Verklammerung mit allgemein anerkannten Einschätzungen (von Zufällen und Nichtigkeiten) und Erklärungen (als Kraft- und Aufmerksamkeitsschwund) heraus; er versucht, seine Hörer gewissermaßen wieder in den geistigen Schwebezustand zu versetzen, in den Menschen vor ungedeuteten oder schwach gedeuteten (oder aber mehrfach deutbaren) Gegebenheiten kommen, wenn sie die entstandene Unbekanntheit aushalten und nicht unverzüglich automatisch entstehenden neuen Deutungen verfallen, die die Schwebe beenden. Solche die Schwebe liquidierende Abwehr tritt in verschiedener Gestalt auf: »Das ist Sache der Experten«. »Das ist in einem Lehrbuch, einem Lexikon nachzulesen«. »Teilen Sie uns bitte mit, wie sich die Sache in Wirklichkeit verhält« (mag ein Zuhörer dem Lehrer abfordern). »Ist mir vollkommen egal, wie es sich verhält – über Bagatellen denke ich nicht nach«. Die in der westlichen Gesellschaft gegen Ende des 20. Jahrhunderts verbreitetste Abwehrform gegen die Zumutung eigenen, eine Schwebe aushaltenden Nachdenkens insachen Fehlleistung hat groteskerweise die Gestalt der (fast zur Umgangssprache gehörenden) Redewendungen vom Typ: »Das ist eine *Freud*sche Fehlleistung«, »Das war ein *Freud*scher Versprecher«, »*Freud* läßt grüßen« usf. Darin meldet sich, daß Erkenntnisse der Psychoanalyse zum angelesenen oder auf Expertenautorität hin übernommenen Bücherwissen geworden sind, die zwar den Informationsstand der solcherart Belehrten aufgebessert haben, nicht aber das, was Lichtenberg den »Prüfungsgeist« genannt hat. Grotesk ist der Tatbestand der zum konventionellen Umgangswissen geschrumpften Erkenntnisse der Psychoanalyse deshalb, weil sich ja schon an einem kleinen Detail *Freud*scher Lehre (wie an den oben genauer betrachteten zwei ersten Vorlesungen zur Einführung in die Psychoanalyse) zeigen läßt, daß ohne den Prüfungsgeist, der aus Gewohnheiten aufstört, keine Erkenntnisse auf diesem Gebiet zu gewinnen sind. So daß die blitzschnelle Einordnung eines Versprechers als eines »*Freud*schen« nichts anderes verrät als die Unfähigkeit, sich auf die Gedanken dessen einzulassen, dessen Autorität zitiert wird, um die eigenen Gedankenlosigkeit zu kaschieren, und zwar mit eindrucksvoller Fassade. Denn gerade nach dem Studium *Freuds* liegt zutage, daß es sehr verschiedenartige Fehlleistungen mit verschiedenartigen Hintergründen und Ursachen zu geben scheint, weswegen sich blitzartig einstellende Einordnungen verbieten. Sie signalisieren die Angst vor der Schwebe der Ungewißheit (und die Lust, eine Bildungstrophäe vorzuzeigen); sie signalisieren gerade den Verlust der Aufmerksamkeit, aus der *Freuds* Erkenntnisse hervorgegangen sind und die nicht von diesen Erkenntnissen abzulösen ist. Bücherwissen, von Experten übernommene Informationen oder Redewendungen ohne den Prüfungsgeist werden in den Köpfen und Gesprächen der Menschen zu Phantomen, die die Sensibilität für das abtöten, worüber sie Aufschluß zu geben scheinen. Zu Informationen geschrumpfte und degenerierte Erkenntnisse entsprechen der Konsumhaltung, die fertige Wissenswaren fordert und verbraucht. Die Abtrennung der Erkenntnisse vom Prüfungsgeist mit den einschlägigen Bedingungen und Folgen werden seit geraumer Zeit auch kritisch von Naturwissenschaftlern für die Erkenntnisse der Naturwissenschaft vermerkt (vgl. Mach, zit. bei Wagenschein, 1965, S. 214; Chargaff, 1980, S. 146ff.; Portmann, 1960, S. 38ff.). Eine Pointe von Adornos Theorie der Halbbildung bezieht sich auf die »warenhaft verdinglichten Sachgehalte von Bildung«, die überdauern – und zwar »auf Kosten ihres Wahrheitsgehalts und ihrer lebendigen Beziehung zu lebendigen Subjekten« (Adorno, 1975, S. 75). Es handelt sich also nicht nur um den Spezialfall Psychoanalyse, der freilich besonders aufschlußreich ist. Eine heutige Studie über Fehlleistungen, die im Geist *Freuds* diese Erkenntnisse vor heutigen Hörern revitalisieren möchte, käme kaum darum herum, die allgegenwärtigen Schnellerklärungen sogenannter »*Freud*scher Versprecher« ihrerseits sokratisch als angelesenes Scheinwissen zu zersetzen. Und die Erfahrungen aufzugraben, die gegen diese konventionell gewordene Einordnung stehen. Die Eigenart dieser Aufmerksamkeit schärfer sehen zu lernen, können neuere Studien helfen, die Parallelen zwischen dem detektivischen Blick von *Doyles Sherlock Holmes*- Figur und dem Werk wie der Lebenspraxis des Psychologen und Wissenstheoretikers Peirce aufgedeckt haben – wobei *Freuds* Interesse an detektivischer Aufmerksamkeit für scheinbar Nebensächliches und an Morellis Entlarvungen von Gemäldefälschungen (vgl. Ginzburg, 1983, S. 64ff.) auf die inneren Beziehungen hinweist, die hier vorliegen. An markanter Stelle der zweiten Vorlesung hat ja *Freud* ausdrücklich auf den Kriminalisten verwiesen, der sich nicht um die konventionellen Einschätzungen dessen, was wichtig und was unwichtig ist, scheren darf, wenn er weiterkommen will. Wie geht der Blick vor, welchen Gedanken gehorcht er, wenn er sich von konventionellen Einordnungen löst? Und wie sehen die Aktivitäten vor dem gewissermaßen enttarnten Sachverhalt aus, die möglich und wichtig werden, wenn die Standarddeutungen gefallen sind? Es sind die Aktivitäten, die Peirce als »Abduktionen« analysiert und in die wissenschaftliche Diskussion eingeführt hat – Abduktionen, die sich von »Induktionen« unterscheiden.

Zuerst ein Beispiel, genommen aus dem, was man die Lehrpraxis von *Sherlock Holmes* nennen könnte – eine Art Lehrgespräch zwischen ihm und seinem Assistenten *Watson*, in einer Erzählung:

*Watson* bemerkt zu *Holmes*, er (Holmes) habe offenbar in einer bestimmten Frau eine ganze Menge gelesen, »was für mich unsichtbar war«. Darauf *Holmes*:

»›Also: Was haben Sie dem Äußeren dieser Frau entnehmen können? Beschreiben Sie.‹ ›Nun, sie hatte einen schieferfarbenen breitkrempigen Strohhut mit einer ziegelroten Feder. Ihre Jacke war schwarz, mit schwar-

135

zen Perlen besetzt und einem Saum mit kleinen schwarzen Jade-Ornamenten. Ihr Kleid war braun, eher etwas dunkler als Kaffee, mit ein wenig rotem Baumwollsamt am Hals und an den Ärmeln. Ihre Handschuhe waren gräulich und so abgetragen, daß der rechte Zeigefinger durchschien. Ihre Schuhe habe ich nicht beobachtet. Sie hatte kleine, runde, herabhängende Goldohrringe und machte insgesamt einen Eindruck von Wohlstand, in einer gewöhnlichen, bequemen, fast lässigen Weise.‹

Sherlock Holmes klatschte leise in die Hände und kicherte. ›Mein Ehrenwort, Watson, Sie spielen wunderbar mit. Sie haben zwar alles übersehen, was wichtig ist, aber Sie haben die Methode getroffen, und Sie haben ein gutes Auge für Farben. Vertrauen Sie niemals allgemeinen Eindrücken, mein Lieber, sondern konzentrieren Sie sich auf Einzelheiten« (Doyle, zit. bei Sebeok/Umiker-Sebeok, 1985, S. 41/42).

Bringt *Watson* nicht Einzelheiten? Es scheint dem Kritiker, daß ihm die Einzelheiten nur als Baustein eines Gesamteindrucks ins Auge fallen. Sie formieren sich ihm, so wohl die Kritik, schon in der Wahrnehmung zu Belegen für einen zuvor empfangenen und sich nun durch Details bestätigenden und neu aufladenden Gesamteindruck – dem Eindruck »von Wohlstand, in einer gewöhnlichen, bequemen, fast lässigen Weise«. Er sieht die Einzelheiten unverzüglich als Belege für einen bestimmten ökonomischen Status; der Strohhut, die Feder, das Kleid, die Handschuhe – alles hat nur noch Illustrationswert, keinen eigenen Stachel. Und das etwas aus dem Rahmen der Erwartungen fallende Detail, die abgetragenen Handschuhe – sie sind offenbar auch eingespurt in das, was der »Gesamteindruck« ebenso verlangt wie es ihn erzeugt und begründet: »fast lässig« wird im Kleidungsgehabe der Frau der Wohlstand demonstriert. Die Kritik richtet sich nicht gegen die abstrakte Beobachtungsgabe, Farben beobachtet *Watson* ja ganz trefflich. Aber es hapert daran, den Einzelheiten eine gewisse Dignität zu belassen, die sie nicht der Überformung durch einen Gesamteindruck anheimfallen läßt. Und ihnen damit den Stachel nimmt, kraft dessen sie Aufschlüsse über Verborgenes, Unbekanntes geben könnten. Was in Einzelheiten steckt, woraus in ihnen geschlossen werden könnte – das wird durch die Determinierung ihrer Wahrnehmung durch den Gesamteindruck gewissermaßen abgetrieben. Wobei noch durchaus unklar und unbekannt ist, auf welches andere denn diese nicht zu rasch eingeordneten Einzelheiten verweisen könnten. Nur – das ist *Holmes* Kritik – führt die Nachgiebigkeit gegenüber dem so plausiblen und offensichtlichen Gesamteindruck zu folgenschweren, blind machenden Vernachlässigungen – die auch das Denken stillegen. Weil es sich mit der Zuordnung zum Gesamteindruck begnügt. Den Einzelheiten, auf die *Holmes* seinen Assistenten sich zu konzentrieren nahelegt, werden gewissermaßen die Zähne gezogen, wenn man über den Rahmen Bescheid zu wissen glaubt, in den sie einzuteilen sind.

Wie sieht das Verfahren aus, das diesem Sog widerstrebt? Es ist der Sog zur Induktion im Sinn von *Peirce* und es ist der Sog zu der schnellen Einordnung von Beiläufigkeiten, den Freud in der betrachteten zweiten Vorlesung in langwierigen imaginären Gesprächen bewußt machte. Wie sieht eine »Konzentration auf Einzelheiten« aus, die die Einzelheiten eben nicht im Licht eines Gesamteindrucks sieht, die also dieser eingeschliffenen Neigung bewußt, methodisch gegensteuert? Was soll das bringen? Nur anzustarrende, disparate und stumm (d.h. zusammenhanglos) gemachte Realitätssplitter?

»›... sondern konzentrieren Sie sich auf Einzelheiten. Mein erster Blick gilt immer den Ärmeln einer Frau. Bei einem Mann kann es besser sein, zuerst das Knie der Hose in Augenschein zu nehmen. Wie Sie sagten, hatte diese Frau Baumwollsamt an ihren Ärmeln, und dieses Material ist sehr nützlich, weil es Spuren bewahrt.
Die doppelte Linie kurz über dem Handgelenk, wo jemand, der Maschine schreibt, sich auf den Tisch aufstützt, war wunderschön sichtbar. Eine mit der Hand zu bedienende Nähmaschine hinterläßt einen ähnlichen Abdruck, aber nur am linken Arm und auf der dem Daumen abgewandten Seite, statt wie in diesem Fall an der breitesten Stelle. Dann habe ich mir ihr Gesicht angesehen, und als ich auf beiden Seiten der Nase die Eindrücke eines pince-nez bemerkte, habe ich mich über Kurzsichtigkeit und Maschinenschreiben geäußert, was sie zu überraschen schien.‹ – ›Jedenfalls hat es mich überrascht‹« (Doyle, zit. bei Sebeok/Umiker-Sebeok, 1985, S. 42).

Der alltägliche Umgang mit Menschen legt es nahe, Einzelheiten auf einen Gesamteindruck zu beziehen. Und nur das angestrengte Unterlassen dieses In-Beziehung-Setzen – nur die Fixierung der Aufmerksamkeit auf einen Körper- oder Bekleidungspartikel, auf die Nasenwurzel z.B. oder die Region des

Handgelenks, auf den Samt an den Ärmeln, nur dieses schier gewaltsame Amputieren von Einzelheiten kann sie in neuer Weise beredt macht. D.h. sie können nur so zu Trägern von Spuren werden, die neue Aufschlüsse bringen. Nur so können sie dem konventionell sich nahelegenden Zusammenhang entrissen werden – also so betrachtet und bedacht, daß sie vibrieren von dem unbekannten Meer von Geschehnissen, die sich in der Kleidung, im körperlichen Habitus dieser Frau abdrükken müssen – die aber durch die konventionelle Orientierung des Blicks und der Gedanken auf den Gesamteindruck einer Person, mit der man umgeht, nicht einmal als unbekannte Größen ins Bewußtsein treten. Die schier gewaltsame Konzentration der Aufmerksamkeit auf Details geschieht, um den Details Spuren zu entwinden – Züge also, die auf anderes verweisen, welches andere in seinen Einzelheiten wie in seinen Zusammenhängen durchaus unbekannt ist. Diese Art der sich von einem Detail in Unbekanntes (das freilich aufgrund seiner Spuren nicht mehr ganz unbekannt ist) abstoßenden Beobachtungs- und Denktätigkeit nennt Peirce, wie unten zu zeigen ist, »Abduktion«. Sie führt ab von jenen Schlüssen, die der Gesamteindruck aufgrund konventioneller Gewöhnung aufdrängt. »Nichts ist trügerischer als eine offensichtliche Tatsache« mahnt *Holmes* an anderer Stelle (Sebeok/Umiker-Sebeok, 1985, S. 45). Weil die »Offenkundigkeit« die Einordnung von Details, die jeder Sachverhalt birgt, schier erzwingt – weil es aber gerade um die Aufsprengung in Splitter geht, wenn man hinter eine Sache kommen will. Und die Warnung vor der »offenkundigen Tatsache« einer »Fehlleistung« als sei sie das, was das Sprachzeichen ja nahelegt und wodurch es die Ideenbildung über die Wirklichkeit beeinflußt, als sei sie nichts als ein »Fehl«, ein Mangel also – diese Warnung *Freuds* in der oben analysierten zweiten Vorlesung nahm dieselbe Illusion aufs Korn.

Die Frau, die gewohnt war, in der eingespielten Art per Gesamteindruck wahrgenommen zu werden (und nicht auf die unehrerbietige mikroskopische Weise von *Holmes*) war denn auch überrascht, daß sich Holmes über »Kurzsichtigkeit und

Maschinenschreiben« äußerte. Sie fühlte sich entlarvt – weil sie mit einem Blick und mit Gedanken aufgefaßt wurde, die die konventionellen Induktionen (von Einzelheiten auf Gesamteindrücke) nicht mitmachten. Solche »Abduktion« führt auch ab von der Schicklichkeit.

*Holmes* fährt fort: »»Weiter hat mich sehr überrascht und interessiert, daß ich, als ich an ihr hinabsah, feststellte, daß die Stiefel, die sie trug, nicht gerade völlig verschieden waren, aber sie gehörten doch nicht zusammen: der eine war vorn ein wenig verziert, und der andere war ganz schlicht. Der eine war nur mit den beiden unteren von fünf Knöpfen verschlossen, der andere mit dem ersten, dritten und fünften. Wenn sie nun also eine junge Dame sehen, die mit halb zugeknöpften und nicht zueinander passenden Stiefeln aus dem Haus gegangen ist, obwohl sie sich sonst ordentlich kleidet, dann ist es kein Kunststück abzuleiten, daß sie in Eile war.‹ ›Und was noch?‹ fragte ich, da mich die scharfe Logik meines Freundes wie immer zutiefst interessierte.
›En passant habe ich festgestellt, daß sie einen Brief geschrieben hat, bevor sie das Haus verließ, aber nachdem sie sich angekleidet hatte. Sie haben ja bemerkt, daß ihr rechter Handschuh am Zeigefinger zerrissen war, aber offenbar haben sie nicht gesehen, daß Handschuh und Finger mit violetter Tinte befleckt waren. Sie hat sehr hastig geschrieben und ihre Feder zu tief eingetaucht. Es muß heute morgen gewesen sein, andernfalls wäre der Fleck nicht mehr so deutlich sichtbar auf ihrem Finger. All das ist amüsant, wenn auch ziemlich elementar...‹« (Zit. bei Sebeok/Umiker-Sebeok, 1985, S. 42/43).

Was *Watson* offenbar als Merkmal, das auf einen allgemeinen Charakterzug mit ökonomischen Hintergrund hinwies, entzifferte (der fast lässig demonstrierte Wohlstand – die abgetragenen Handschuhe) das wird *Holmes* zum Indikator einer hastigen Handlung, freilich in Kombination mit einem anderen Indiz, den irregulär zusammengestellten und geknöpften Schuhe, die ihrerseits schlecht zu dem sonstigen Kleidungsmodus passen. Einzelindizien mit ihren Verweisen auf Unbekanntes – sie werden also ins Auge gefaßt im Licht jener Verdachtsmomente, die bei anderen Indizien aufgetreten sind. Der Blick darf sich nicht ablenken lassen von der Beziehung dieser Einzelindizien auf einen konventionell sich aufdrängenden Persönlichkeitseindruck, der von der betreffenden Person beabsichtigt und inszeniert wird. Insofern ist der detailversessene Blick nicht auf Details als solche versessen – sondern insofern sie dem Mißtrauen Nahrung geben, der offizielle Gesamteindruck könne Wichtiges verborgen halten, was der Aufklärung würdig und bedürftig ist. Die Parallele zu *Freuds* Vortragsdidaktik liegt nahe. Was als Abhub der Wirklichkeit gilt, sagte er, ist der Psychoanalyse interessant. Es könnte ja sein, daß sich Realitäten in der Unscheinbarkeit des Abhubs verstecken, daß sie versteckt werden – Realitäten, die so unwichtig und schwach nicht zu sein brauchen, wie es den Anschein hat. Und *Galilei* hat es Verzweiflung genannt, was ihn seinen Sagredo in den »Discorsi« im Magazin von Venedig anfangs sagen läßt:

»Und wirklich war ich oft verwirrt und verzweifelt darüber, daß so viele Dinge der Erfahrung nicht erklärt werden konnten, Dinge, die sogar sprichwörtlich bekannt sind, wie denn manche vulgäre Meinung geäußert wird, um etwas über Dinge zu sagen, die die guten Leute selbst nicht fassen können« (Galilei, 1973, S. 3).

Auch hier geht es offenbar darum, in Redewendungen vorgezeichnete Lähmungen der Aufmerksamkeit und der Ideenproduktion zu beheben. Es ist eine unzulängliche Charakterisierung, wenn *Sebeok/Umiker-Sebeok* in ihrem interessanten Aufsatz die zitierte Passage von *Holmes* Belehrung über seine Methode nur als »gründliche Untersuchung von Details« (S. 41) charakterisieren – oder als Beleg der Tatsache, daß er (Holmes) »das Raten so vortrefflich beherrscht«. Die von den beiden Autoren wenige Seiten später zitierten Sätze von *Peirce* über den Unterschied von Induktionen und Abduktion können die Art von *Holmes'* Aufmerksamkeit sehr viel schärfer ans Licht bringen als die vagen Charakterisierungen hinsichtlich Detailgenauigkeit und Ratekapazität. Es geht um die Art der Aufmerksamkeit, die den Details entgegenkommt und sie strukturiert:

»Sowohl Abduktion als auch Induktion ›führen zu der Annahme einer Hypothese, weil sich die beobachteten Fakten so darstellen, wie sie sich notwendigerweise oder wahrscheinlicherweise als Konsequenz aus dieser Hypothese ergäben‹« (Sebeok/Umiker-Sebeok, 1985, S. 46).

Fakten werden also nicht einfach angestarrt; kraft einer Beobachtung, in die Fakten organisierende Zusammenhangsvermutungen eingelagert sind, formieren sich die Fakten dem beobachtenden Blick in bestimmter Weise – und zwar so, daß sie als Konsequenz einer Zusammenhangsvermutung erscheinen (und dadurch ihre Isoliertheit einbüßen). Jeder Blick in die Welt kann sich dessen vergewissern: Das Wasser auf der Straße – Folge des Regens? Folge einer Spritzaktion infolge sommerlicher Hitze? Spur einer Autowäsche? Folge von Tauwetter? Die Fakten werden immer schon in eine gewisse Drift hineinbeobachtet, sie erscheinen also, wie schattenhaft auch immer, als Erscheinungen in einem vermuteten Zusammenhang (d.h. einer Hypothese). Dabei gibt es schwerwiegende Unterschiede – auf sie gründet sich Peirces Unterscheidung:

»Die Abduktion setzt bei Fakten ein, ohne dabei gleich zu Beginn eine bestimmte Theorie zu verfolgen, wenn sie auch von der Empfindung motiviert ist, daß eine Theorie zur Erklärung der überraschenden Fakten erforderlich ist. Die Induktion setzt bei einer Hypothese ein, die sich scheinbar von selbst anbietet, wobei sie zu Beginn keine bestimmten Fakten verfolgt, wenn sie auch von dem Gefühl begleitet ist, daß Fakten zur Unterstützung der Theorie vonnöten sind. Die Abduktion sucht eine Theorie. Die Induktion sucht nach Fakten. Bei der Abduktion bestimmt die Erwägung der Fakten die Hypothese, während bei der Induktion die Untersuchung der Hypothese die Experimente bestimmt, die eben jene Fakten zu Tage fördern, auf die die Hypothese verwiesen hatte« (Sebeok/Umiker-Sebeok, 1985, S. 46/47).

Die Rolle und die Kraft der Zusammenhangsvermutung (= Hypothese) unterscheiden sich. Bei der Induktion, so *Peirce*, stellt sich die Zusammenhangsvermutung schlagartig ein (es hat geregnet) – und diese »sich scheinbar von selbst« anbietende Zusammenhangsvermutung läßt es zunächst gar nicht dazu kommen, daß bestimmte Fakten verfolgt werden. Man braucht nicht mit spezifischer Aufmerksamkeit nach Fakten zu fahnden. Freilich: sollte ein Zweifel entstehen, kann man nach Fakten schauen, die die übermächtig sich aufdrängende Hypothese gewissermaßen experimentell bestätigen. Man schaut auf die Bäume, sieht dort Regentropfen – oder verweist auf die trockene Stelle unter einem soeben wegfahrenden Auto (damit das Auto in Gedanken in ein Experiment verwickelnd, das die Triftigkeit der Regenhypothese bestätigt und jene Fakten zutagefördert, auf die die anfängliche Hypothese verwiesen hatte). Die Induktion also ist gewissermaßen okkupiert durch eine sich (aus Vorwissen um Kontexte, aus Erfahrungen) aufdrängende Zusammenhangsvermutung und verfolgt zu Beginn »keine bestimmten Fakten«. Sie glaubt den Zusammenhang zu sehen – und da tut keine *spezifische* Aufmerksamkeit auf Fakten not. Fakten erscheinen im Licht des Bekannten, sie werden als Bestätigung ins Blickfeld gezogen. Auch wenn der historisch unmittelbare Einfluß von *Peirce* auf *Doyle (Holmes)* nicht stringent nachweisbar ist, so haben *Sebeok* und *Umiker-Sebeok* und *Truzzi* (in *Eco/Sebeok* [Hrsg.], 1985, S. 88–124) die Verwandtschaften in der Aufmerksamkeit für abduktive Schlußverfahren sehr plausibel gemacht. *Watson*, in den oben zitierten Lehrgesprächen mit *Sherlock Holmes* wurde der partiellen Blindheit für Wichtiges geziehen, weil er vom Gesamteindruck ausging und sich dazu verführen ließ, von ihm aus Einzelheiten nur noch als Belege (d.h. aber als ihres Zusammenhänge verletzenden Stachels beraubte) in den Blick zu bekommen: eine Frau die Wohlstand in einer bequemen, fast lässigen Weise zu verkörpern schien.

Anders die Abduktion: sie widersetzt sich dem Sog, die Fakten von vornherein als Theoriebelege aufzufassen (d.h. als Niederschlag eines Zusammenhangs): der Nasenrücken, die doppelte Linie über dem Handgelenk, der Tintenfleck unter dem Handschuh – diese Einzelheiten ziehen Aufmerksamkeit auf sich, ohne schon eingeordnet zu sein in eine Gesamtbild. Fakten haben dieser Aufmerksamkeit etwas Sperriges, ihre Unbekanntheit wird geradezu bewußt gestärkt. Was auf schnelle und eindeutige Erklärung verwies, wird in Schranken gehalten durch nicht Passendes, nicht Einzuordnendes. Der Blick ist gewiß kein pures Anstarren. Aber die Zusammenhänge, die konventionellen und erwarteten, werden durch eine geistige Kraft sozusagen suspendiert. Und das Bedürfnis, die Fakten genau anzuschauen, noch unbekannte, sich nicht rasch aufdrängende Zusammenhänge zu vermuten, dieses Bedürfnis treibt. Jeder kann am eigenen Leib die Unterscheidung ausprobieren, in alltäglichen Geschehnissen. Zum Beispiel: Ich sehe im Wald auf einer Bank im späten Januar zwei Lederhandschuhe säuberlich und sorgfältig nebeneinanderliegen. Eine induktionsgetriebene Aufmerksamkeit kann darin eine Fundsache sehen, die ein Spaziergänger einem anderen Spaziergänger, der seine Handschuhe verloren hat, wieder zugänglich machen will, (hoffend, er gehe den Weg noch einmal ab). Eine abduktive Aufmerksamkeit verzichtet auf dieses schnelle Einordnen und schaut genauer hin, sucht andere Fakten: Sind andere Gegenstände in der Nähe? Ist in den Handschuhen etwas verborgen (eine Notiz)? Sind die Handschuhe bei näherem Zusehen schäbig, durchlöchert? Solche Suchbewegungen suchen auch Zusammenhänge – aber zunächst konzentrieren sie sich auf Fakten, die den blitzschnell einordnenden und subsumierenden Blick nicht fesseln, die ihm nicht auffallen können, weil er die Fakten von vornherein als Material seiner Hypothese zu Gesicht bekommt. Deutlich, daß *Holmes* das abduktive Verfahren wählt: »Es wäre sicher äußerst schwierig, einen Gegenstand zu nennen, der der Schlußfolgerung einen idealeren Boden bietet als eine Brille« (Doyle, zit. bei Truzzi, 1985, S. 106). Und zwar deswegen, weil die Brille ein Gegenstand zu sein scheint, an den sich durch die konventionelle Alltagspraxis nur wenige Hypothesen (Zusammenhangsvermutungen) anzukristallisieren neigen. Ein als relativ neutral und beiläufig geltender Gegenstand ist in seiner Faktizität noch nicht überlagert von Zeichen, die bestimmte Zusammenhänge aufdrängen (wie etwa die Frisur) – und die deshalb die Aufmerksamkeit auf gewöhnliche Pfade festzulegen und einzuengen neigen.

# 3.3 Eine Begrüßung, abduktiv betrachtet

(Oevermann)

Am 10. September 1983 hielt der Soziologe *Ulrich Oevermann* im Hörsaal VI der Frankfurter Universität anläßlich eines Adorno-Kongresses einen Vortrag, dessen Lehrstruktur ich hier in Anlehnung an die erheblich erweiterte Publikation des Vortrags auszugsweise wiedergebe.

Nach kurzen Einleitungsworten schrieb der Vortragende an die Tafel: »Guten Abend...« – verbunden mit der Aufforderung, diesen Ausschnitt aus einer kurzen Handlungssequenz ohne Rücksicht auf die scheinbare Trivialität daraufhin zu betrachten, in welche verschiedenen Kontexte er sich wohl einfügen könnte: Wer kann das zu wem unter welchen Umständen sagen – und was folgt daraus für die allgemeine Struktur einer solchen Handlung? Der Vortragende machte deutlich, daß die Zuhörer (wie die Akteure eines einschlägigen Forschungsunterfangens) nicht etwa auf irgendwelche theoretischen Vorkenntnisse, auf zu erinnerndes Vorwissen zurückgreifen sollten. Ihr intuitiv gegenwärtig werdendes Alltagswissen über soziale Situationen und ihnen angemessene Aktions- und Kommunikationsformen, das sollte herauskommen.

Eine Begrüßungshandlung also, das läßt sich aus den verschiedenen Ergänzungen herausfiltern. Eine Handlung, die Individuen wechselseitig aneinander bindet, und zwar – wenn sie einmal vollzogen ist, bindet sie »die sich Begrüßenden in einen Zusammenhang wechselseitiger Anerkenntnis und Rücksichtnahme und sachbezogener Kooperation« (Oevermann, 1983, S. 237). Der Begrüßende erhebt implizit einen Anspruch auf Anerkennung als konkretes Subjekt – in einem »Interaktionsangebot, das zur Reziprozität verpflichtet« (S. 240). Anders: Wer grüßt, begibt sich in eine Handlungskette, die ihn an die dazu passende, die reziproke Gegenhandlung des Begrüßten bindet; eine Handlungskette, die Menschen also in einer geregelten Form aneinander bindet – als Eröffnung einer möglichen Folgehandlung. Jeder Begrüßte kann den Gruß verweigern (es sei denn, er ist »seiner Autonomie vollkommen beraubt« – auf dem Kasernenhof etwa) – und kann damit dem Grüßenden sowohl die Anerkennung verweigern als auch den im Gruß steckenden Ansatz zu einer Kooperation:

> »Wer, aus welchen Gründen auch immer, das (sc. das Interaktionsangebot und den Anspruch der grüßenden Person auf Anerkennung als konkretes Subjekt) nicht will, drückt das am wirksamsten in der Verweigerung des Zurückgrüßens aus; wer dagegen zurückgrüßt, hat sich zu einem nicht unbeträchtlichen Minimum an Kooperation und Anerkenntnis verpflichtet« (Oevermann, 1983, S. 240).

Die Überlegungen über das, was in der einleitenden Grußhandlung im Grunde (strukturell, als objektiver Sinn) passiert, entzündeten sich am Fragment und an den möglichen Ergänzungen, die um diesen alltäglichen Splitter herumphantasiert wurden. Es wurde also keinerlei äußerer Kontext mitgeteilt. Auch zu weiteren Struktur-Überlegungen: Wer darf das zu wem sagen – und wer nicht? (Der Höhergestellte zum Niedergestellten? Der Ältere zum Jüngeren? Der Mann ...) Und welche Regeln oder Vorsorgen lassen sich diesen Grußinitiativregeln entnehmen (a.a.O. S. 240/241)? Die Grußhandlung scheint ihrer auf wechselseitiger freier Anerkennung von Subjekten beruhenden strukturierenden Kraft beraubt zu werden, wo die Zwänge zum Grüßen oder zum Gruß-Erwidern dem Subjekt keinerlei freie Wahl mehr lassen, den Gruß zu initiieren oder zu erwidern (S. 243), wenn Kinder oder Soldaten rituell zum Rückgruß gezwungen sind beispielsweise. Der Vortragende schreibt an die Tafel, wie es weitergeht:

> »... meine Damen und Herren«.

Und wieder die Aufgabe: Situationen sind zu ergänzen, in denen ein solcher Gruß (Kollektivanrede unter Entbietung der Tageszeit) vorstellbar ist – und in welchen vielleicht ähnlichen

nicht. Vortrag in der Volkshochschule? Ein Sprecher der Inten-
danz, der vor der Abendvorstellung vor den Vorhang tritt und
auf die Indisposition eines Sängers hinweist? Ein Besucher einer Party? Der Leiter einer Sitzung? Wie wären evtl. alternative Begrüßungen, die besser in eine dieser Situationen paßten,
zu formulieren? (vgl. Oevermann, 1983, S. 248 f). Gibt es bei
der Begrüßung eines Auditoriums noch Möglichkeiten, die
Struktur von Begrüßungen – die auf Wechselseitigkeit und
Freiwilligkeit der Anerkennung des jeweils anderen beruht –
durchzuhalten? Ist das noch ein Gruß – oder eine leere Flos-
kel? Auch ein Auditorium kann auf einen Gruß reagieren –
durch Unmutsäußerungen, durch störende Geräusche, durch
Weggehen, durch Wegsehen. Eine gewisse Reziprozität bleibt
erhalten.

Nach diesen Analysen, die als Material nichts hatten als die
Ergänzungen, die man sich mit intuitiver Regelkenntnis um
zwei Fragmente einer Begrüßungshandlung ausdenken kann,
teilte der Vortragende das Folgende mit:

»Sie (sc. die Äußerung) fiel in einer ihnen allen wohlbekannten, täglich
wiederkehrenden Situation, als Beginn der Abendansage im ersten Fern-
sehprogramm, wenn gegen 20.15 Uhr nach der Tagesschau ein Sprecher
auf dem Bildschirm erscheint und das Fernsehpublikum begrüßt, bevor er
eine Vorschau auf das Abendprogramm gibt.
Man sieht sofort, daß nicht einmal ansatzweise die Bedingungen für die
Reziprozität der Begrüßungs-Interaktion erfüllt sind. Allein aufgrund des
technischen Arrangements ist der begrüßte Fernsehzuschauer von jeglicher
autonomer Entscheidung darüber, ob er durch einen Rückgruß die Anerkenntnis der begrüßenden Person und eine sachliche Kooperation mit ihm
verpflichtend übernehmen will oder nicht, ausgeschlossen, und es ist des
weiteren auch ganz unerfindlich, wozu er mit dem Begrüßenden selbst
oder mit der sozialen Instanz, die durch diesen vertreten wird, solche Ver-
pflichtungen eingehen soll, da er doch nur durch einzelne Sendungen informiert oder unterhalten werden will« (Oevermann, 1983, S. 250).

Der Fernsehzuschauer, der abschaltet, ist in einer anderen Lage, als ein Auditorium, das Gesten und Geräusche der Ableh-
nung hervorbringt: der den Gruß Aussprechende merkt nichts
von der Gegenreaktion. Die Reziprozität ist zerstört – und damit ist der Gruß in seiner Struktur deformiert. Der »Schein ei-

ner personalisierten Sozialbeziehung« wird in die Welt gesetzt und »reproduziert somit die Strukturlogik von Entfremdung und Verblendung« (Oevermann, 1983, S. 250).

»... und willkommen im ersten Programm«.

Auch hier die Frage nach Kontexten, in denen ähnliche Grußwendungen vorstellbar sind – Grußwendungen also, die sich verdoppeln und dem Gruß eine besondere Emphase geben (bei der Begrüßung eines außergewöhnlichen und seltenen Gastes, der von weither kommt vielleicht?). Und der Kontrast dieser ausgedachten Versionen zur täglichen Anwendungssituation macht das Unwahrscheinliche der Anrede bewußt:

»Denn faktisch ist ja der Fernsehzuschauer bei sich zu Hause im Wohn-, möglicherweise sogar im Schlafzimmer, in den privatesten Räumen also, die ihm zur Verfügung stehen. Wenn also überhaupt jemand bei jemandem zu Gast ist, dann das Fernsehen beim Fernsehzuschauer. Der Fernsehzuschauer wird gewissermaßen in den Fernsehkanal eingesogen und zum Besucher der Fernsehanstalt transformiert...« (S. 260).
»... Man wird gespannt sein, ob der Fernsehsprecher nunmehr zur Programmankündigung übergehen wird« (S. 261).

Mit diesem Satz beendet der Vortragende eine weitere Erörterung von Gelegenheiten, bei denen eine solche intensive Begrüßung denkbar wäre. Und teilt dann (zur geradezu jubelnden Heiterkeit des Auditoriums im Frankfurter Hörsaal) die Fortsetzung mit: »... vor allem die Tierfreunde unter ihnen begrüßen wir herzlich«. »Das Begrüßungsritual setzt sich fort. In ununterbrochener Reihenfolge wird der Fernsehzuschauer zum dritten Mal hintereinander begrüßt« (S. 261). Wo gibt es so etwas sonst? In welche Beziehung wird der Zuschauer zu der Sendung gebracht – wenn die Ankündigung in eine so forcierte Begrüßungshandlung eingebunden wird... Es ist bei *Oevermanns* Erörterungen, die sich Stück für Stück weiterhangeln, nachzulesen (S. 262-289). Die Sache wird ebenso unglaublich absurd wie konsequent. Dem Verfahren, wie es sich in der didaktischen Konstruktion des Vortrages abzeichnet, entspricht das Forschungsverfahren der von *Oevermann* entwickelten und verschiedentlich dargestellten sogenannten »Objektiven Hermeneutik« (vgl. Auffenanger/Lenssen [Hrsg.], 1986).

Eine Pointe dieses Verfahrens, das als Forschung so interessant ist wie als Lehre, liegt darin, daß durch Eingriffe in den zu erforschenden Gegenstand eine Art »künstlicher Naivität« erzeugt wird (Oevermann, 1986, S. 35). Der Gegenstand, hier ein Textausschnitt aus einer alltäglichen Kommunikationshandlung, wird schier gewaltsam aus den Kontexten herausoperiert und in einer Isoliertheit, die Ergänzung heischt, einer Gruppe präsentiert. Die Kontexte gelten als Gefährdung der nachforschenden Aufmerksamkeit. Ein künstliches Sichdumm-Stellen? Muß man nicht möglichst viele Informationen zu einem Stück Realität zusammenbringen, bevor man im Ernst darüber nachdenken und nachforschen kann? Hier wird das glatte Gegenteil behauptet und praktiziert. Zusatzinformationen über den Kontext lähmen die Forschungsbegierde, die in die inneren, unter der Oberfläche liegenden Zusammenhänge eindringen will – so die Annahme. Man mag im Gedankenexperiment die Gegenprobe machen: Einer Gruppe (einerlei ob in Forschung oder Lehre) wird der vollständige Text mit Kontextinformationen mitgeteilt: »Am 16. Januar 1984 um 20.15 Uhr erschien eine Dame auf dem Bildschirm zur Ansage des Abendprogramms – und zwar kamen die folgenden Worte aus ihrem Mund: ›Guten Abend, meine Damen und Herren – und willkommen im ersten Programm; vor allem die Tierfreunde unter ihnen begrüßen wir herzlich. Es gibt nämlich wieder einmal ›Tiere vor der Kamera‹ zu sehen.« Man kann sich Fragen vorstellen, die der Gruppe dann vorgelegt werden: Wer spricht? Zu wem? Sender-Empfänger-Medium? Funktionen der Begrüßung? Beobachtungen am Erscheinungsbild? Beobachtungen an der Sprache? Vergleich mit anderen Begrüßungen an der Sprache? Vergleich mit anderen Begrüßungen etc... Eine Reihe von Lehrerfragen wäre zu erwarten, bei denen der Lehrer auf etwas Bestimmtes hinauswill, was in seinem Kopf präexistiert. Und die Teilnehmer würden wittern, daß dieser Lehrer/Forscher mithilfe der Fragen bestimmte theoretische Vorkenntnisse aus seinem Kopf in die Köpfe der

Teilnehmer transportieren will. Wobei der ausführliche Text mit Kontextangabe als Demonstrationsobjekt diente. Dem Text würden gewissermaßen Probleme implantiert.

Eine liberale Variante (statt implantiertes Problemlösungsansinnen ist es das ›brainstorming‹ – Ansinnen) verlangte einer Gruppe ab, Beobachtungen und Fragen zu artikulieren, die dieses Stück soziale Realität in den Teilnehmern mobilisiert.

Die induzierte Problemlösung und das brainstorming sind unter den genannten Bedingungen in der üblen Ausgangslage (wenn man der »objektiven Hermeneutik« folgt), die zu untersuchende Gegebenheit zu gut zu kennen und deshalb kaum mehr zu einer ernsthaften Verständnisbemühung imstande zu sein. Die Kontextkenntnisse ermöglichen nicht etwa, sie lähmen die Aufmerksamkeit, die Fakten aufspürt und nach unbekannten Zusammenhängen fahndet. Es passiert nichts, was auch nur eine Spur Unbekanntheit an sich trüge, oder irgendeinen überraschenden Zug. Der Kontext scheint alles, was da gesagt wird, ausreichend zu erklären – die Fragen wirken dann eher gewaltsam, aufgesetzt, von außen an die Sache herangetragen (aufgrund irgendwelcher irgendwo ermittelter Erkenntisse). Die Lebenspraxis mit ihren glättenden und stabilisierenden Routinen hat dafür gesorgt, daß in den alltäglichen Geschehensabläufen vom Typ Fernsehansage niemand mehr etwas finden kann, was den Blick, die Handlung stocken läßt. Der Kontext und die durch ihn geweckten Erinnerungen an Verläufe, die von niemandem angezweifelt werden, der für normal und vernünftig gehalten werden will – sie nötigen den Blick zur Einordnung der Fakten in einen vertrauten und geläufigen Zusammenhang; in der Sprache der Vertreter der »objektiven Hermeneutik«: sie drängen zur Subsumtion, die Fakten unverzüglich geläufigen Schemata zuschlägt. Und die dadurch verhindert, daß die Menschen etwas Neues zu Gesicht bekommen und nach neuen Zusammenhängen zu fahnden ansetzen. Textstücke aus Sequenzen herauszubrechen, sie aus bekannten Situationen herauszuoperieren – das versetzt den Geist in die Unruhe des Forschens, das wirklich nachdenkt und mögliche Zusammenhänge ersinnt. Nicht nur das Frag-

mentarische als solches provoziert – auch die inhaltliche Teil-
bekanntheit dieses Fragments, in der gänzlich Vertrautes unvertraute Züge gewinnt. Man glaubt, der Boden wankt – das
vollständig Sichere und Unproblematische wird als etwas bewußt, was *unproblematisch gemacht* wurde, durch Routine
und an sie anschließende Subsumtion. Gerade wenn scheinbar
Allbekanntes und als unproblematisch allenthalben Hinge-
nommenes gewissermaßen zum Hochgehen gebracht wird
(und das erreicht das *Oevermann*sche Verfahren, was leicht in
Gesprächen zu erproben ist) gerade dann fangen Menschen an
zu denken. Würde die Fernsehsprecherin sich versprechen,
würde eine nicht zur Übertragung bestimmte Nachbemerkung
versehentlich mitausgestrahlt, verfiele die Sprecherin in einen
Wortwechsel mit der Technik wegen eines Defektes – solche
Auffälligkeiten zögen die Aufmerksamkeit schnell auf sich,
über sie nachzudenken ist keine Kunst. Wohl aber bedarf es
einer Leistung, über das ins Nachdenken zu kommen, was wie
der Luftdruck so selbstverständlich und deshalb unspürbar gemacht wurde. Und was infolgedessen am mächtigsten, weil
am stetigsten die Menschen, ihre Beziehungen und Weltbilder
infiltriert. Was ist das für eine Leistung, wenn es schon nicht
die Leistung ist, bestimmte zuvor erworbene Wissenschaftser-
gebnisse oder Grundbegriffe auf ein Tatsachenfeld zu beziehen?

Der Vergleich zu *Sherlock Holmes'* Technik, aufmerksam
zu werden, liegt nahe. Wer sich auf den ihm vertrauten, den
sich schlagartig einstellenden Gesamteindruck der Fernsehbe-
grüßung einstellt – und die Mitteilung über den Kontext, die
Mitteilung des vollen Wortlauts scheint diesen Eindruck mit
einer kaum zu bremsenden Automatik hervorzurufen – dem
dürften allenfalls Fakten auffallen, die nur als Material für die
Erzeugung des Gesamteindrucks in den Blick kommen: die
Farbe der Bluse, den Klang der Stimme, die Frisur in ihren
allgemeinen Merkmalen; der Gesamteindruck verführt dazu,
Einzelmerkmale nur noch subsumtiv wahrzunehmen und zuzuordnen – und darüber die Züge zu übersehen, die nichts zum
für normal gehaltenen Gesamteindruck beitragen. Die Lei-

stung, die *Holmes* in der oben zitierten Passage *Watson* abverlangt – der Verzicht, seine Aufmerksamkeit vom Gesamteindruck bestimmen zu lassen – liegt darin, die Prozesse außer Kraft zu setzen, die die alltägliche Wirklichkeit mit ihren Zuordnungen und Relevanzen konstruieren. Nur dann nämlich wird eine Nasenwurzel, eine Brille, ein Schnürsenkel in einem Schuh zu einem unbekannten Gegenstand, der dem sorgfältig Forschenden ungeahnte Aufschlüsse geben kann. Der Farbe der Tinte am Finger unter dem aufgeschabten Handschuh – diesem inständig betrachteten, für die flüssig ablaufende Lebenspraxis vollkommen unerheblichen Detail – widmet Holmes eine ähnliche Sorgfalt wie *Oevermann* dem »Guten Abend, meine Damen und Herren«.

Der eine auf der Suche nach Verbrechen, die ihre Spuren zu verwischen neigen (und infolgedessen dort Spuren hinterlassen, wo sie niemand vermutet, im Beiläufigen, Nebensächlichen, Selbstverständlichen, das über Gesamteindrücken übersehen wird); der andere auf der Suche nach den Gesellschaftlichkeit konstituierenden Kräften und Mechanismen, deren Allgegenwart und Übermacht sie der Aufmerksamkeit und dem kritischen Gedanken zu entziehen neigt, so daß sie gerade nicht in sensationellen Sondergeschehnissen herauskommen, sondern in banal Alltäglichem. Zweierlei Detektivarbeit.

Was Holmes durch die Anstrengung, sich vom Gesamteindruck zu lösen, zuwegebringt, das bahnt *Oevermann* durch ein Verfahren an: wenn kein Kontext mitgeliefert wird, wenn eine Handlungssequenz nur in fragmentierenden Schritten präsentiert wird, dann kann die Versuchung gar nicht entstehen, dem Sog zur Einordnung in den Gesamteindruck, dem Sog zur Subsumtion – die nur das schon zuvor Gewußte sich wieder bestätigen läßt – nachzugeben. Ein Zusammenhang liegt nicht vor Augen, drängt sich infolgedessen nicht auf – er muß erst erzeugt werden. Und dazu ist die sorgsamste Prüfung des Fragments nötig – die Prüfung aller denkbaren Zusammenhänge, in denen es sinnvoll stehen könnte. Und der Vergleich dieser Denkbarkeiten zwingt dann zur Herausarbeitung struktureller Züge (z.B. der Strukturanforderungen an eine Grußhandlung), die ihrerseits hinterrücks das zu erforschende Detail in ein neues, fremdes Licht rückt. Kurz gesagt, in Peirceschen Begriffen (und im Umkreis der »Objektiven Hermeneutik« wird ausdrücklich auf Peirce bezuggenommen, Nagler/Reichertz, 1986, S. 89): *Oevermann* muntert seine Zuhörer zur *Abduktion* auf, so wie seine Forschungspraxis die Abduktion bei der Ausforschung sozialer Alltagspraxis in Gang zu setzen sucht. Die Induktion im Peirceschen Sinn, die die Fakten nur und von vornherein im Licht einer sich aufdrängenden Zusammenhangsvermutung zu Gesicht bekommt – sie wäre der Subsumtion zuzuordnen, die auf Bestätigung und Einordnung aus ist. Im Unterschied zu einer Forschung und einer Lehre, die darauf abheben, Probleme zu stellen und zu lösen, peilt das *Oevermann*sche Verfahren in diesem Sinn keine richtige Lösung an, die alle Ungereimtheiten beseitigt. Viele Zusammenhänge um das Fragment sind denkbar und legitim – es gibt keine »richtige Antwort«. Und doch ist das Verfahren weit entfernt von der Beliebigkeit des brainstorming. Die Härte eines widerständigen Gegenstandes kommt allmählich heraus. Und das Tatsächliche verliert seine Selbstverständlichkeit. Es wird gerade nicht als Problem, das gelöst wird, präsent. Die Figuren der formalen Problempsychologie scheitern. In ihr dominieren die Suchformen der Peirceschen Induktion: immer neue Zusammenhangsvermutungen lassen nach Fakten fahnden; die zunächst ins Leere gehende Abduktion, die »führt« in dieser Optik »ab«. Deshalb darf auch in der auf die Problemlösepsychologie aufbauenden Didaktik die Lehrerfrage die Schüler aufmerksam machen auf die wichtigen Merkmale in den Fakten, damit die Schüler dann selbst die (vom Lehrer vorhergewußten) problemlösenden Zusammenhänge unter seiner kundigen Anleitung finden. Die Fakten erscheinen im Licht der Lösungen, der Hypothesen. Als solche dürfen sie keine brisante Vieldeutigkeit entwickeln. Dieser Art von schulmethodischer Praxis entspricht wohl auch die landläufige Musterung der Weitergabe von wissenschaftlichen Erkenntnissen in Büchern, Vorträgen, Medien. Das von *Oevermann* in dem zitierten Vortrag gewählte Verfahren, das die Zuhörer (obwohl sie scheinbar nur zuhörten) provozierte und aktivierte, unterscheidet sich von dieser Art Übermittlung. Fakten werden nicht nur zum Schein problematisch, bodenlos.

*Oevermann* bricht also entschieden mit der Überzeugung, man müsse möglichst viel über die Entstehungsumstände eines Textes, einer kulturellen Manifestation wissen, um sie verstehen zu können. Der Kulturanthropologe, der in eine fremde Kultur kommt, ist nach seiner Auffassung sogar im Vorteil gegenüber dem viel wissenden Hermeneuten, der einen Text nur immer wieder einzuordnen schier gezwungen ist (Oevermann, 1986, S. 35). Und der es viel schwerer hat, sich einem Textfragment mit der Aufmerksamkeit dessen zu nahen, dem nichts anderes übrig bleibt als es daraufhin anzuschauen, welche allgemeinen Strukturgesetzlichkeiten sich in ihm abdrükken könnten. Denn der Kulturanthropologe muß ja zunächst die Fakten, die Sprache, die Gebärden, die Riten daraufhin betrachten, was denn an ihm Verständlichem, also an Allgemeinem in diesen Fakten zu finden sein könnte, die ihm zunächst nicht im Licht eines Gesamteindrucks vertrauter Lebenswelt erscheinen können.

»Wie! Man müsse ein Werk gerade so auffassen wie die Zeit, die es hervorbrachte? Aber man hat mehr Freude, mehr Erstaunen und auch mehr zu lernen daran, wenn man es gerade nicht so auffaßt!« (Nietzsche Morgenröte, 5. Buch, 506; Nietzsche, 1954, S. 1250).

Das ist eine andere Formulierung der These, daß die Kenntnis von Situationen und Kontexten dazu verführt, die Äußerung oder ein Werk einzuordnen. Durch diese Subsumtion wird die Kraft gelähmt, in dem Werk selbst Widersprüche, Brüche, Leeren, Überraschungen wahrzunehmen, die »staunen« und »lernen« machen.

Nietzsche notiert zum Blick des Schauspielers oder des Malers Ähnliches. Beide sind imstande, Gesten aus den geläufigen Routineabläufen herauszusehen und sie kraft dieser Operation in eine Reihe anderer, möglicher Zusammenhänge zu rücken:

»... Wie... sieht ein Maler auf einen vor ihm sich bewegenden Menschen! Er sieht namentlich sofort vieles hinzu, um das Gegenwärtige zu vervollständigen und zur ganzen Wirkung zu bringen; er probiert im Geiste mehrere Beleuchtungen desselben Gegenstandes, er dividiert das Ganze der Wirkung durch einen Gegensatz, den er hinzustellt...« (Nietzsche, Morgenröte, 5. Buch, S. 1257).

Nicht nur der Detektiv, nicht nur der Sozialforscher und der seine Forschungen in einem Vortrag vermittelnde Wissenschaftler – auch Künstler sind, wenn *Nietzsche*s Beobachtung zutrifft, einer Aufmerksamkeit zugetan, die Gegebenheiten aus sich aufdrängenden Zusammenhängen herauslöst und die so isolierten probeweise in andere Konstellationen bringt. Damit sie fremd und vieldeutig werden, weil die routinierte Vertrautheit sie geradezu unkenntlich gemacht hat und dem Bewußtsein entzieht. So wie *Oevermann* seine Hörer, durch Isolierung eines Fragments, dazu brachte, etwas hinzuzudenken, was nicht gegeben ist – so schaut sich, nach *Nietzsche*, ein Maler Bewegungen an: als Fragmente, die der Ergänzung bedürfen. Der Künstler ist einer, der demnach die Gegebenheiten der Erfahrung versuchsweise in andere Bezüge rückt als es die sind, in denen sie sich dem normalen Bewußtsein darbieten. Und der dadurch Züge der Wirklichkeit wahrnimmt und herausbringt, die sonst verschüttet bleiben. Ein mißtrauischer, verlangsamender, variierender Blick also – jedenfalls einer, der nicht dem Gesamteindruck und seinen Verführungen zum souveränen Einordnen verfällt.

# 3.4 Euler und der Antipode

Hier folgt ein Lehrtext, der die Aufmerksamkeit auf Naturtatsachen lenkt:

»Ew. H. wissen wohl, daß die ganze Erde ungefähr die Gestalt einer Kugel habe... Die Alten haben die Figur der Erde wenig gekannt. Die meisten haben sie für eine oben platte, und theils mit Erde, theils mit Wasser bedeckte Masse... angesehen. Nach ihrer Meynung war bloß diese einzige Oberfläche... bewohnbar... Nachdem man in der Folge anfing einzusehen, daß die Figur der Erde ungefähr kugelförmig und allenthalben bewohnbar sey, so, daß es Oerter gebe, die uns gerade entgegengesetzt sind, wo die Einwohner uns die Füße zukehrten, die man auch deswegen Antipoden nennt: so fand diese Meynung so viel Widersprüche, daß einige Kirchenväter sie als große Ketzerey ansahen, und die in den Bann traten, welche die Wirklichkeit der Antipoden glaubten. Heut zu Tage würde man für einen Thoren gehalten werden, wenn man an ihrer Wirklichkeit zweifeln wollte, besonders seitdem diese Meynung durch die Reisen um die Welt, die schon von mehreren angestellt worden sind, ist bestätiget worden. Dem unerachtet findet man noch in dieser Sache viele Schwierigkeiten, die es der Mühe werth ist zu heben« (Euler, 1773, S. 165/166).

Wenn die Erde eine Kugel ist, müssen die Antipoden uns die Füße zukehren, wenn denn auf den uns entgegengesetzten Kugelregionen Menschen leben. Alle Welt ist von der Kugelgestalt überzeugt – und Reisende haben auf der Kugelgegenseite Menschen angetroffen. Also sind doch wohl die Einwände von Kirchenvätern und anderen hinfällig? Heute, zweihundertfünfzehn Jahre später, würde man auf Fotos von der Erdkugel verweisen, nicht nur auf die Autorität der Wissenschaft, die solches längst endgültig geklärt habe. Nichts scheint selbstverständlicher – doch *Euler* mißtraut der Sicherheit, die aufgrund der Reiseberichte und der Überzeugung von der Kugelgestalt auch mit den Antipoden fertig ist. Die damit verbundenen Schwierigkeiten sind nicht zu belächeln oder nur noch historisch zu beachten, sie verdienen *gehoben* (nicht etwa *behoben*) zu werden. Es geht also um die Zersetzung einer raschen Sicherheit im Bescheidwissen. Beobachtungen und Erwägungen, die nicht zu dem passen, wovon alle Welt überzeugt ist, kündigt *Euler* an, einen Krebsgang zurück hinter Gewißheiten. Nicht etwa (was wir von einem Naturwissenschaftslehrer zu erwarten geneigt sind) kündigt *Euler* Beweise für die Richtigkeit der Kugelgestalt an – er kündigt Schwierigkeiten an, die ihm etwas Kostbares und Wichtiges zu haben scheinen.

»Denn wenn der hier beygefügte Kreis die Erde vorstellt, und wir sind in A (oben), so werden unsere Antipoden uns gerade gegenüber in B seyn. Weil wir also den Kopf oben und die Füße unten haben, so müssen dafür unsere Antipoden die Füße oben und den Kopf unten haben, welches sehr widersinnig scheint; denn die, welche die Reise um die Welt gethan, haben niemals auf ihren Reisen gemerkt, daß sie den Kopf unten hätten und die Füße in die Höhe kehrten. Hätte der Antipode in B den Kopf oben und die Füße unten wie wir, so würde er mit dem Kopfe die Erde berühren, also mit dem Kopfe gehen müssen« (Euler, 1776, S. 166/167).

Keine wissenschaftlichen oder kirchlichen Autoritäten werden gegen die Vernünftigkeit des allseits Anerkannten ins Feld geführt, sondern Erwägungen, die aus dem Wissen folgen – und die es widersinnig erscheinen lassen. Es sind Erwägungen, die sich an das Sinnenbewußtsein von oben und unten anschließen. Wenn man versucht, sich auf der Oberfläche einer Kugel leibhaftig zu spüren und sich dann in die Antipoden und ihr Körpergefühl hineinzuversetzen sucht, dann kommt man auf solche Gedanken. Sie müssen die Füße auf der uns gegenüberliegenden Seite nach oben haben, den Kopf nach unten – sonst stimmt die Sache mit der Kugel nicht. *Euler* macht die Zumutung scharf. Widersinniges wird da als Selbstverständliches geglaubt, neuerdings. Was wir denken müssen, empört zugleich unsere Vorstellung. Wie es sein müßte, kann es doch nicht gut sein. Und da kommen die Reiseberichte als tröstende Zusatzbestätigung: Nein, es ist auch nicht so, wie der seinen Sinnen und Gedanken trauende Verstand kombinieren mußte. Weder gehen sie die Füße nach oben, Kopf nach unten – noch gehen sie mit dem Kopf auf der Erde. Also ist alles klar? Der

Zweifel am allgemeinen Glauben wird von *Euler* keineswegs ausgetreten. Im Gegenteil, er wird nun erst recht zum Aufflammen gebracht. Wogegen richtet er sich?

Einerseits gewiß gegen die Voreiligkeit, die etwas für unumstößlich wahr hält, weil der Augenschein der Reisenden dafür Zeugnis gibt, obwohl nicht verstanden ist, warum denn das so sein kann, wie es ist. Entweder müßte der Antipode wie wir mit den Füßen auf dem Boden gehen – dann hätte er den Kopf nach unten. Oder er hätte nicht den Kopf nach unten, sondern – wie wir – die Füße: dann müßte er auf dem Kopf gehen. Und dieser Gedanke traut sich vor: Kann denn das auf Sinneserfahrung beruhende Zeugnis der Reisenden stimmen? Aber es handelt sich nicht nur um den Konflikt zwischen Tatsachen und Gedanken, den Euler in diesem Lehrtext anzettelt; auch nicht nur um den Konflikt dessen, der seiner Erfahrung und seinen Gedanken traut, mit dem, was wie immer ermittelte Forschungsergebnisse von Spezialisten sind. »Heut zu Tage würde man für einen Thoren gehalten werden, wenn man an ihrer Wirklichkeit (sc. der Antipoden) zweifeln wollte.« Es geht bei den Gegengedanken auch um einen Angriff auf eine soziale Norm. Wer daran zweifelt, setzt sich der absehbaren Exkommunikation aus der Gesellschaft der Vernünftigen aus. Er wird für verrückt erklärt – man braucht ihn nicht einmal mehr zu widerlegen. Wer zum »Thoren« erklärt ist, dem schuldet niemand mehr ein Argument. Und merkwürdigerweise geschieht diese Verrückterklärung namens des Fortschritts der Erkenntnis. So als hätten sich die Fronten in gewisser Weise verkehrt. Vor geraumer Zeit wurden die, die für die Existenz der Antipoden eintraten, ausgegrenzt aus der Gesellschaft – und zwar als Ketzer. Nun ist es so weit gekommen, daß die einst verdammte Lehre zur allseitigen Anerkennung gelangt ist – und nunmehr werden die Zweifler ausgeschlossen. Zwar nicht mehr als Ketzer, weil der Glaube nicht mehr das Weltbild normiert, sondern als »Thor« – im Zeitalter der Vernunftherrschaft. Was Euler da aufgräbt an Einwänden, das wendet sich offen gegen die Art, wie die neuen Erkenntnisse sich in die Köpfe der Menschen durchgesetzt haben. *Lichtenberg*, fast gleichzeitig, kritisiert »den Frost der Nachschwätzerei«, der unter als hoffnungsvoll geltenden jungen Gelehrten sich ausbreitet (Lichtenberg, 1953, S. 145). Eine neue Art des Glaubens, eine neue Art des Verzichts auf die nachdenkliche Prüfung grassiert – Kapitulation nicht mehr vor religiösen Dogmen, sondern vor Reiseberichten und Expertenäußerungen. Und diese kritisierte Geistesverfassung hat Ähnlichkeit mit der von *Doyle/Holmes* aufs Korn genommene Neigung, Fakten vorschnell einem plausiblen Gesamteindruck zuzuordnen, sie dem zu subsumieren, was alle Welt für richtig hält und was infolgedessen als Norm der Vernunft gilt. *Euler* hingegen besteht in diesem Lehrtext auf der Aufmerksamkeit, die sperrige, sich der glatten Induktion nicht fügende Fakten ernstnimmt und ins Feld führt gegen das Anerkannte. Man mag in Spuren erinnert sein an die oben skizzierte Warnung *Freuds* an seine Hörer. Es handelte sich da um Fakten, die aus den landläufigen Subsumtionen (als Zufälle, als Erschöpfungen, als Belanglosigkeiten) herausgelöst wurden. Ihre Sperrigkeit drohte, so Freud, die auf der allseits anerkannten Vernunft beruhenden Einordnungen zu sprengen. Wer sich darauf einläßt, muß mit dem Ausschluß rechnen – ein »Thor« hat wenig Chancen in einer Gesellschaft, die ihre Vernünftigkeit zwar nicht mit Scheiterhaufen, aber mit den Waffen der Verrückterklärung durchsetzt und verteidigt.

Es handelt sich hier um eine Art von Lehre, die in der Tradition des Sokrates, des Erasmus den reibungslos funktionierenden, als normal geltenden Subsumtionen und Einordnungen mißtraut, nicht um die Begünstigung gedanklicher Tätigkeiten, die rein denkpsychologisch zu erklären wären. Es geht nicht einfach nur um Lockerungsübungen kognitiver Beweglichkeit, die zum Zweifel an vorschnell übernommenen Problemlösungen führen sollen. Diese Aufmerksamkeitsart übersieht, was in dieser Auseinandersetzung – wann immer sie historisch oder lebensgeschichtlich ernst wird – auf dem Spiel steht; inhaltsneutral und subjektneutrale Denkpsychologie klammert aus, daß Menschen in der Tradition des Sokrates nicht nur starre kognitive Schemata antasten, sondern die

Gruppennormen derer, die das Gute und Vernünftige besitzen und verwalten, daß sie also Macht antasten und Gefahr laufen, ausgeschlossen zu werden – »für einen Thoren gehalten«. *Euler* also nimmt es in Kauf, in die Ecke derer gestellt zu werden, wenn er sehr ernsthaft und detailliert die Einwände ausarbeitet, die gegen die Antipoden-Einordnung sprechen und die also als töricht vorverurteilt sind. Nicht namens des religiösen Glaubens, sondern namens der Vernunft polemisiert er eine Zeitlang gegen die Diktate des fortschrittlichen Wissens über die Antipoden. Woraus also entsteht sein Gedankenzug? Aus Mißtrauen gegen die verdächtig schnelle Einordnung; in der Macht, die alle zur Anerkennung zu zwingen scheint, wittert er Vertuschung von Schwierigkeiten, die zu zweifelnden Einwänden gegen das Gesamtgebäude führen können. Er verlangsamt.

Er ermuntert den Verstand des Laien zum Aufbegehren, seine Briefschülerin nämlich. Und er hätte es doch gewiß leicht, die Einwände liegen zu lassen und alle Kraft der Demonstration der Wahrheit zu belassen, im Dienst der Aufklärung. Aber er fürchtet offenbar wie Lichtenberg den »Frost der Nachschwätzerei«, die Unterdrückung der Vernunfterkenntnis im Namen der vernünftigen Erkenntnis. Das Nachdenken kommt, wie oben gezeigt, in Verlegenheit, wenn es sich verständlich machen will, wie das sein kann, was Reisende berichten – daß die Antipoden wie wir mit den Füßen nach unten und dem Kopf nach oben auf der Erde gehen und keine Probleme damit haben. Sie gehen oben auf der Erde – und wir gehen oben auf der Erde, nach dem Zeugnis unserer Sinne...

»In der Verlegenheit über die Schwierigkeit dieser Erfahrung, haben einige sie durch die Vergleichung mit einer Kugel zu heben geglaubt, auf deren Oberfläche man oft Fliegen und andere Insekten eben so wohl als unten herumlaufen sieht. Aber sie denken nicht daran, daß die Insekten, die unten sind, sich durch ihre Klauen anhaken, und daß sie ohne die Hülfe gewiß herunter fallen würden. Also müßte der Antipode vielleicht Haken an seinen Schuhen haben, um sich fest zu halten; aber er hat keine, und fällt doch so wenig als wir. Ja, so wie wir uns einbilden oben auf der Erde zu sein, so bildet sich der Antipode auch ein und glaubt, daß wir unten sind. Vielleicht ist ihm ebenso bange um uns, als uns für ihn ist, und vielleicht kann er ebenso wenig begreifen, wie wir, die wir nach seinen Gedanken die Füße in die Höhe und den Kopf nach unten haben, leben und gehen können, ohne uns festzuhalten« (Euler, 1773, S. 167).

Wenn das Zeugnis der Sinne unglaublich wird, wenn Sinne und Gedanken sich gegenseitig dementieren und irritieren, wenn also das Bescheidwissen und das schnelle Einordnen in Trümmer geht, beginnt die Bemühung, das Unvereinbare doch irgendwie zusammenzureimen. Gibt es eine Kugel, auf der sich Vergleichbares beobachten ließe? Die Kugel, auf der oben wie unten Fliegen und Insekten herumgehen – ist das ein hilfreicher Einfall? Nur scheinbar. Die Haken fehlen an den Füßen der Antipoden. Und damit ist die Sache nicht etwa abgetan (was durchaus im Gang der Argumentation angemessen wäre). Der Autor Euler, kaum daß er sich ein Detail der Antipoden – ihre hakenlosen Füße – in Erinnerung gerufen hat, versetzt sich recht vehement und mit präziser Phantasie in die Gedanken- und Gefühlswelt der Antipoden: sie müßten genauso ratlos und bange hinsichtlich unserer Lage sein wie wir über die ihre.

Wozu dieser überschüssige Schlenker, wird der beeilte und unter Stoffdruck seufzende Didaktiker und Lehrbuchautor unserer Tage fragen. Kommt *Euler* ins Schwätzen? Kaum. Es liegt ihm daran, die Stärke der Einwände gegen das, was alle Welt für selbstverständlich und erwiesen hält, herauszubringen. Mit Lust, so scheint es, zeichnet er die Verwirrung des über die Kugelgestalt informierten Antipoden nach. Weil so die Fadenscheinigkeit des Allerweltswissens seiner Schülerin spürbar wird. Weil das Überlegungen sind, die sich jedem nicht eingeschüchterten Laien, auch jedem Kind aufdrängen, wenn sie sich (gegen das Zeugnis ihrer Sinne) den Vorschriften der Experten, der Erwachsenen gemäß als auf einer Kugel befindlich vorstellen sollen. Durch das Körpergefühl wird uns »bange« um den Antipoden – wie wohl ihm um uns. Nicht was *für* die fortgeschrittenen Erkenntnisse der Wissenschaft seiner Zeit spricht, wird hier von *Euler* sorgfältig, liebevoll dargelegt, sondern *was dagegen* spricht, ja was sie absurd und unwahrscheinlich erscheinen läßt. Er verbündet sich in der Argumentation nachhaltig mit den von Experten und der öffentlichen Meinung als töricht zum Schweigen gebrachten Gegengedanken.

»In der That, wenn sich jemand an der Decke eines Zimmers mit den Füßen festhalten wollte, so müßten die Haken an seinen Schuhen sehr stark seyn, und bey alle dem würde er doch eine sehr traurige Figur vorstellen. Ich möchte nicht an seiner Stelle seyn, ich fürchtete mich zu sehr den Hals zu brechen, oder wenigstens müßte mir das Blut, das mir in den Kopf schießen würde, Schaden thun. Weit unbekümmerter wollte ich mich in das Land unserer Antipoden begeben, da ich gewiß genug wäre, daß ich mich dort nicht schlechter als hier befinden, und meine Zeit nicht so traurig zubringen würde als wenn ich mich mit den Füßen an eine Decke halten sollte. Underdessen bin ich zu einer solchen Reise, die wenigstens 2700 deutsche Meilen betragen würde, schon zu alt« (Euler 1773, S. 167).

Das Vergleichsbild mit der Kugel und den darauf spazierenden Fliegen hat die Schwierigkeiten eher vermehrt. Die dann notwendig zu fordernden Haken an den Füßen werden nicht einfach nur wegen erwiesener Inexistenz auf die Seite gelegt – es folgt eine Detailschilderung »was wäre wenn«, um die Abstrusität der Vorstellung auszukosten. Nein – nicht nur, daß es tatsächlich keine Haken an Antipodenfüßen gibt; auch die gedankliche Vorstellung würdigt *Euler* einer Erwägung, die sie ad absurdum führt – durch nichts als eine präzise Phantasie.

Die gedanklichen Bemühungen, sich die Antipoden auf der Erdkugel uns gegenüber, mit den Füßen zu uns gekehrt vorzustellen, scheitern also auch. Aber ein Stachel bleibt. Er geht zwar ohne Haken, der Antipode – aber ist ihm nicht zurecht bange um uns wie uns um ihn?

»Aber wohin sollte denn nun wohl der arme Antipode, für den man so besorgt ist, fallen, wenn das sich ereignet? Ohne Zweifel wird man antworten, nach Unten; aber dieses nach Unten würde eine Richtung seyn, die sich von der Erde entfernte, und der Antipode wäre sehr zu beklagen, weil er keinen Ort mehr finden würde, wo er seine Füße hinsetzte, und vielleicht ohne Ende fallen müßte. Diese Furcht aber ist unbegründet und niemals hat man noch gehört, daß ein Antipode einen so schrecklichen Fall von der Erde hinweg gethan hätte. Vielmehr wenn sie fallen, so fallen sie wie wir gegen die Erde zu: und doch bilden sie sich ein, nach unten zu fallen. Es ist also ein bloßer Betrug, wenn man glaubt, daß unsere Antipoden die Füße oben und den Kopf unten haben, und man sie sich gleichsam umgekehrt vorstellt. Dieser Betrug kommt bloß von einem falschen Begriff, den wir mit den Wörtern *oben und unten* verknüpfen. Allenthalben wo wir uns auf der Erde befinden, ist unten da, wohin die Körper fallen; und oben ist das entgegengesetzte. So habe ich schon in meinem vorhergehenden Brief die Bedeutung dieser Wörter bestimmt, und ich glaube, daß es der Mühe wert ist, diesen Begriff mehr auseinander zu setzen, um auf alle die Einwürfe antworten zu können, welche man gegen die Antipoden gemacht hat, ob ich gleich nicht glaube, daß Ew. H. für sie werden sehr bekümmert gewesen seyn. Den 28. Aug. 1760« (Euler, 1773, S. 168).

Die Ratlosigkeiten, in die der Widerspruch zwischen der Tatsache (der Antipoden, die normal gehen) und den Gedanken (daß sie ja eigentlich nicht auch auf der Erde gehen können wie wir) gestürzt hat, werden fast wie in einem sokratischen Dialog ausgereizt. Ein inneres Gespräch des Lehrers, der die Gegenstimmen stärkt. Und dadurch zu weiteren Gedanken zwingt. Man läßt sich von unserer allgegenwärtigen Erfahrung – überall gibt es ein *oben* und *unten* – zu dem (Be)Trug verführen, dieses *oben* und dieses *unten* verlaufe im ganzen Kosmos unabhängig von allen Örtern jeweils in die gleiche Richtung. Eine verständliche Verallgemeinerung, die sich von unserer leiblichen Erfahrung herleitet. Die dann auch folgern muß, oben und unten hätten auf der anderen Kugelseite denselben Richtungssinn. Aber das ist durch die Tatsachen widerlegt. Wenn wir unsere Vorstellung von der Allverbreitung von oben und unten in der gleichen Richtung als Vorstellung spüren, können wir sie revidieren. Unten ist, wohin wir fallen – auf der Erde, allenthalben.

Nachdem die an die Sinne gebundenen gedanklichen Einwände stark und damit bewußt wurden, kann es gelingen, ihre Begrenztheit spürbar zu machen, ohne daß ihre Teiltriftigkeit beschnitten würde. Man kann, nach dem letzten Abschnitt, sich durchaus in die Antipoden einfühlen – aber in einer Art Identifikation mit der Erde, die dasjenige ist, worauf hin alles fällt, die Erde bestimmt, was unten ist; und das ist, wohin die Körper fallen. Die letzten Zeilen sagen ausdrücklich: um ein Gespräch handelt es sich – um einen Streit mit Geltungsansprüchen, mit Zwängen zur Begründung. Und dieses argumentierende Gespräch – das wollen sich die ersparen, die einfach dem folgen, was alle Welt für richtig hält, weil es die Fachleute und die Reisenden sagen. Antworten auf Einwände – das soll »Ew. Hoheit«, die Brandenburgische Prinzessin, lernen. Das ist etwas anderes als an das verbreitete anerkannte Wissen zu glauben und die Zweifler für »Thoren« zu erachten. Und ein Lehrer, der nur seine Erkenntnisse, gesprächslos, in die Köpfe durchsetzt, befördert ein trügerisches Wissen, die Nachschwätzerei, die sich die Verwirrungen des Suchens ersparen zu können meint und die den mitgebrachten Laienverstand aufgibt, wenn die Experten sprechen.

*Freud, Oevermann, Euler* – diese sehr unterschiedlichen Drei, sie kommen in wichtigen Zügen überein. Sie nehmen bei ihren Schülern, Zuhörern die mitgebrachte lebensweltliche Erfahrung in doppeltem Sinn ernst: sie leiten an, ihr in jenen Zügen zu mißtrauen, die zu raschen Subsumtionen und Erinnerungen verleiten. Die also die Fehlleistungen zu Bagatellen machen, die leicht erklärlich sind; die eine allabendliche Fernsehansage als harmlose Begrüßungsroutine einschätzen lassen; die einen Einwand gegen die Kugelgestalt der Erde und die folglich mit den Füßen nach oben laufenden Antipoden als rückständige Torheit belächeln lassen. Auf der anderen Seite: sie mobilisieren nun gegen diese lebensweltlich gebundene Einordnungs- und Subsumtionsneigung nicht etwa wissenschaftliche Erkenntnisse, die von außen herangetragen und unwiderleglich bewiesen würden, mit Fachmethoden, mit einer Fachsprache, mit gelehrten Verweisen. Im Mißtrauen gegen die schnellen Gesamteinschätzungen kommen Züge der alltäglichen Erfahrung heraus, die unbekannt geblieben waren und unbeachtet. Sie werden gewissermaßen unter den vorschnell übergestülpten Schemata ausgegraben. Das von diesen Lehrern vorgetragene Suchen nach Erkenntnis läßt sich auf das Unpassende ein, das die vertraute Gewohnheit stört: in dem Unsinn der Fehlhandlungen – sollte da nicht ein Sinn stecken, von dem sich der seiner gewisse gesunde Menschenverstand nichts träumen läßt? In den freundlichen Worten der Fernsehansagerin – sollten nicht, für jeden ohne Theoriestudium einsichtig, darin Spuren der Vernichtung von Sozialität zutage liegen? Und in dem plausiblen Einwand gegen die Antipoden auf der andern Seite – sollte darin nicht auch ein Stachel enthalten sein, der das weitere Nachdenken lohnt?

Mit *Peirce* (und in Anlehnung an die oben skizzierten Verdeutlichungen von *Doyle/Sherlock Holmes*) gesagt:

Freud, Oevermann, Euler setzen in den exemplarischen Beispielen dieses Kapitels auf abduktive Aktivitäten – sie räumen in dem von ihnen dargelegten Inhalt weg, was abduktive Aktivitäten lähmen könnte. Die Induktion (im von *Peirce* erläuterten Sinn), die Fakten ihrer sperrigen Eigenkomplexität entledigt, die sie von vornherein als Belege für sich aufdrängende Hypothesen aufzufassen und zu verrechnen neigt – diese Induktion wird hintangehalten. Wenn ihre Voreiligkeit bewußt wird, dann entsteht das Bedürfnis, das im Ernst kennenzulernen und auszuforschen, was bislang bekannt schien und was Züge der Fremdheit annahm. Eine Fremdheit, die nicht nach Belehrung durch andere verlangte, sondern danach, detektivisch genau auf Einzelheiten zu schauen und neue Zusammenhänge aufzuspüren.

# 3.5 Im Magazin von Venedig
## (Galilei)

Drei Herren besprechen sich im Magazin, angesichts der Arbeiten am Schiffsbau, voll Respekt über die Handwerker und Techniker, die – wie es an den Früchten der Arbeit, den Schiffen, zu erkennen ist – sich auf handwerkliche Künste und Berechnungen verstehen. Das heißt, durch Erfahrung, durch praktisches Handeln und die darin steckende Geschicklichkeit haben sie die Zusammenhänge, die Anforderungen, die Möglichkeiten und Unmöglichkeiten gewissermaßen in den Knochen. Sie wissen aus Erfahrung, was passiert, wenn sie dieses Material wählen, jene Belastung voraussetzen. Sie »verstehen sich auf« – aber verstehen sie auch? Sie haben ihre handwerkliche Könnerschaft auch in Regeln und Spruchweisheiten präsent, in Wenn-Dann-Sätzen, die von einer Schiffbauergeneration an die nächste weitergegeben werden.

»Sagredo: ...Und wirklich war ich oft verwirrt und verzweifelt darüber, daß so viele Dinge der Erfahrung nicht erklärt werden konnten. Dinge, die sogar sprichwörtlich bekannt sind, wie denn manche vulgäre Meinung geäußert wird, um etwas über Dinge zu sagen, die die guten Leuten selbst nicht fassen können.
Salviati: Sie denken vielleicht an jenen Satz, den ich ihnen neulich vortrug, als wir ein Verständnis dafür suchten, weshalb man ein so viel größeres Gerüst erbaut, um jene große Galeere vom Stapel zu lassen, während man sie lange nicht in demselben Maasse (sc. sondern in viel höherem Maasse, H. R.) kleiner für kleiner Schiffe gebraucht, wobei sie bemerkten, es geschehe das, um die Gefahr des Zerbrechens durch den Druck der ungeheuren Last zu vermeiden, ein Umstand, dem die kleinen Holzmassen nicht ausgesetzt sind« (Galilei, 1973, S. 3/4).

Die Gerüste, die die Schiffsbauer um die großen Schiffe zu stützen bauen, sind viel größer und gewaltiger, als zu erwarten wäre, wenn man von den Gerüsten kleiner Schiffe ausgeht und annimmt, die Gerüste müßten sich in demselben Maß vergrößern wie die Schiffe. Und die Schiffsbauer machen das Richtige, aufgrund ihres durch Erfahrung und Überlieferung eingefleischten Wissens. Und die Herren, die daneben stehen und den Schiffsbau in einen anderen Blick nehmen – sie finden ein Haar in der Suppe. Wie es dem Praktiker bekannt ist, das reicht ihnen nicht aus. Es stürzt Sagredo sogar in Verwirrung und Verzweiflung, daß unter diesen souverän gehandhabten und in Redensarten gespeicherten Praktikerkenntnissen Unbegriffenes, vielleicht Unbegreifliches nistet. Als tarnte sich dieses Unbekannte auf besonders raffinierte Art unter der Maske von allseits Bekanntem und Gehandhabtem. Was ihre Aufmerksamkeit stocken läßt, passiert bei Hin- und Herschweifen des Blicks von den Baugerüsten kleinerer zu denen größerer Schiffe; es handelt sich nicht um ein Anstarren, die Blicke sind unterströmt von Gedanken, die klein und groß in Beziehung setzen – und die die Beziehung klein-groß von den Schiffen auf die die Schiffe tragenden und stützenden Gerüste zu übertragen ansetzen. Und die von dieser Parallelisierung gesteuerten Blickerwartungen – sie prallen gewissermaßen auf das auf, was tatsächlich vor Augen liegt. Sie werden aufgestört: das vor Augen Liegende »stimmt« nicht. Man kann sich den Prozeß auch in umgekehrter Richtung vorstellen: das Wahrgenommene, das vor Augen Liegende und längst Bekannte – es wird einerseits hingenommen, andererseits verliert es seine Stabilität dadurch, daß es in Kontrast gerät zu Erinnerungsspuren und an sie geknüpfte Erwartungen: müßte es nicht anders sein als es ist? Geht es mit rechten Dingen zu, daß die kleineren Schiffe erheblich kleinere Gerüste um sich haben als sie eigentlich haben müßten, wenn man die Erwartungen von den großen Schiffen herleitet?

Die Herren, die da den Blick von der Seite riskieren, nehmen die vielleicht luxuriöse Anstrengung auf sich, das aus dem Vergleich aufkeimende Mißtrauen ernst zu nehmen: Ein Mißtrauen gegen den Augenschein (kann denn das wahr sein?); ein Mißtrauen gegen die handwerkliche Praxis (warum tun Schiffsbauer so Unvernünftiges?); ein Mißtrauen gegen die eigenen Gedanken, die einen in die Verwirrung stürzen, so daß man nicht mehr weiß, wem zu trauen ist von zwei sich widersprechenden, aber gleichermaßen zwingenden Größen: dem Zeugnis der Sinne und der gedanklichen Konsequenz. Das eine scheint das andere zu dementieren (ähnlich wie bei *Euler* das Zeugnis der Reisenden über die Antipoden die gedanklich konstruierte Erwartung zu dementieren schien und umgekehrt). Jedenfalls: Wenn es denn mit den unproportionalen Größen der Schiffsgerüste so steht, wie der Augenschein es vermeldet – und wenn diese Bautradition nicht auf Nachlässigkeit, sondern auf Beobachtung und handwerklichen Kalkül zurückgeht, dann fehlt für dieses ganz Offensichtliche und jedem Schiffsbauer Selbstverständliche eine befriedigende Erklärung. Das Tatsächliche und praktisch Gehandhabte entpuppt sich diesem Blick von der Seite als ein Hantieren mit undurchschauten Größen. Wie kann das so Allbekannte und den Handwerkern so Vertraute zugleich (und vielleicht deswegen) von so vertrackter Unverständlichkeit und Unwahrscheinlichkeit sein? Diesen Stachel zu spüren, ihn im Gespräch herauskommen zu lassen und sich an ihm abzuarbeiten (und ihn nicht etwa durch die Tatsachen für entkräftet zu erachten: was braucht man noch nachzudenken, wenn es doch offenbar ist, wie es ist) – das gibt den *Discorsi* von *Galilei* immer wieder neuen Elan. Im scheinbar Beiläufigen, das am Wege liegt und allen vertraut ist – darin wird das Unwahrscheinliche ausgegraben. Und diese Zersetzung des Bekanntheitsscheins, diese sokratische Unterminierung der geläufigen Praxis – sie setzt Energien des Nachdenkens, der Beobachtung, des Vergleichs frei. Wobei nicht eine Person die anderen systematisch belehrt. Der Dialog setzt ein mit einem ebenso komplexen wie beiläufig beobachteten Tatbestand – dem nur die Schleier abgestreift werden, die die Gewohnheit über ihn geworfen hat; man könnte, in Anlehnung an *Oevermann*, auch sagen: er wird von den Subsumtionen befreit, mit denen die Handwerker ihn in ihre Praxis einordnen und so einem spezifischen, auf strukturelle Gesetzlichkeiten hin gespannten

Nachforschen entzogen haben. Die Nähe zu *Freuds* Anstrengung, die der Lebenspraxis selbstverständlichen Einschätzungen und Erklärungen von Fehlhandlungen bewußt zu machen und scheitern zu lassen, ist offenkundig. Auch der *Galilei*sche Dialog ist denkbar weit von einer Lehrpraxis entfernt, die meint, man könne durch das Erlernen von Grundbegriffen und Gesetzlichkeiten aus einem systematisch aufgebauten Lehrbuch in *den* Prozess hineinkommen und zu *den* Erkenntnissen gelangen, die die Wissenschaft erzeugt haben und vorantreiben. Auch denkbar weit von der Vorstellung, Anfängern müsse man diese systematisch präparierten Fertigkenntnisse zumuten, um ihnen angeblich überflüssige und unfruchtbare Umwege zu ersparen. Die Leistung, die der *Galilei-* Dialog den Lesern, dem Publikum abfordert, ist das schrittweise, Argumenten folgende Außer-Kraft-Setzen des geläufigen Weltwissens – und zwar, das ist entscheidend, in der erfahrungshaltigen Auseinandersetzung mit komplexen Gegebenheiten der Lebenswelt, nicht durch Unterwerfung unter eine Fachsprache und ein gewissermaßen vom Himmel der Wissenschaft heruntergereichtes System von Kenntnissen und Methoden und Theorien, die das Lernpublikum zwingt, sich dem Spruch der Experten zu unterwerfen. Deren Lehre ja dann auch ein Lernen auf Vorrat nahelegt – später wird man einsehen, wozu es gut war, dieses Problem zu stellen, diesen Versuch zu arrangieren, jenen Lehrsatz abzuleiten. *Galileis* Lehre (wie die *Freuds, Oevermanns, Eulers*) mag dem an Lehrbuch-Systematik Gewöhnten als wildwüchsig, ungeordnet, unökonomisch vorkommen. Und er mag sie bestenfalls als etwas aufwendige Motivationstechnik für Anfänger verbuchen. Womit ihr Eigensinn verkannt ist. Es geht nicht um den belehrenden Transport von Wissen in möglichst ökonomisch zugerichteten Figuren. Es geht darum, in die Verwirrung dessen hineinzustürzen, dem die bislang selbstverständliche Welt unbekannte Züge gewinnt – und es geht darum, im argumentativen Gespräch sich mit den Schwierigkeiten abzugeben, die aus dieser Verwirrung entstehen. Und hier wird keinem Gesprächspartner bei *Galilei* erspart, immer wieder selbst den Boden unter den Füßen zu verlieren und nach neuen, besseren Argumenten zu suchen. Und keinem Leser wird die Verwirrung erspart.

Wenn z. B. Herr Sagredo im Einwand gegen die faktische Übergröße der Schiffsgerüste angeht:

»Sagredo: ...habe ich nun eingesehen, daß in diesen und anderen ähnlichen Fällen man nicht ohne Weiteres vom kleinen Maßstab auf den großen schließen dürfe; manche Maschine gelingt im Kleinen, die im Großen nicht bestehen könnte. Indes, alle Begründung der Mechanik basiert auf Geometrie. In dieser aber gelten die Sätze von der Proportion aller Körper. Wenn nun eine große Maschine in allen Teilen ähnlich der kleinen gebaut wird, und die letztere als fest und widerstandsfähig erwiesen ist, so sehe ich doch nicht ein, warum dennoch eine Gefahr gefürchtet wird« (Galilei, 1973, S. 4).

Der Zweifel an der Vernünftigkeit des vor Augen Liegenden, der sich stillschweigend auf die Vernunft einer proportionierlichen Größenveränderung von Schiffen und zugehörigen Gerüsten stützte, dieser Zweifel verschafft sich theoretische Zusatzmunition: wenn Mechanik auf Geometrie basiert und wenn in der Geometrie die Sätze von den Proportionen aller Körper gelten, dann ist eine für große Maschinen unproportionierlich wachsende Zusammenbruchsgefahr ein Unding.

Herr Salviati bestreitet zunächst, daß diese merkwürdigen Ungereimtheiten irgendetwas mit der besonderen Materie zu tun hätten, als hinge es beispielsweise nur vom Holz und seinem Gewicht ab, daß ein stärkeres Gerüst gebraucht würde.

»Salviati: ...Denn ich will die Materie als ideal vollkommen annehmen und als unveränderlich, und will zeigen, daß bloß, weil es eben Materie ist, die größere Maschine, wenn sie aus demselben Material und in gleichen Proportionen hergestellt ist, in allen Dingen der kleinen entsprechen wird, außer in Hinsicht auf Festigkeit und Widerstand gegen äußere Angriffe: je größer, um so schwächer wird sie sein. Und da ich die Unveränderlichkeit der Materie voraussetze, kann man völlig klare, mathematische Betrachtungen darauf bauen. Geben Sie daher, Herr Sagredo, Ihre von vielen anderen Mechanikern geteilte Meinung auf, als könnten Maschinen aus gleichem Material, in genauster Proportion hergestellt, genau gleiche Widerstandsfähigkeit haben. Denn man kann geometrisch beweisen, daß die größeren Maschinen weniger widerstandsfähig sind als die kleineren: so daß schließlich nicht bloß für Maschinen, und für alle Kunstprodukte, sondern auch für Objekte der Natur eine notwendige Grenze besteht, über welche weder Kunst noch Natur hinausgehen kann: wohlverstanden, wenn stets das Material dasselbe und völlige Proportionalität besteht« (Galilei, 1973, S. 4/5).

*Salviati* formuliert die starke Gegenthese – der dem gesunden Menschenverstand naheliegende Schluß, die proportional größere Maschine entspreche in allem, auch in Festigkeit und Widerstandskraft, der kleineren (weswegen ja das größere Schiff eben nur ein proportional größeres Gerüst und nicht ein erheblich darüber hinaus gehendes benötige) dieser Schluß sei falsch, entspreche nicht den Tatsachen in Natur und Kunst, und zwar allenthalben. *Salviati* macht, im Gegenangriff, dem Partner bewußt, daß es eine Annahme in seinem Kopf war, die ihn in Verwirrung stürzte. Die Verlötung der Gedanken mit den sie bestätigenden Erfahrungen lockert sich. Eine Art Schwindel tritt auf, weil die seither unangefochtene Stabilitätsinstanz als mögliche Täuschungsquelle bewußt wird und zu schwanken beginnt; *Sagredo* beschreibt die Erschütterung:

»Sagredo: Ich fühle bereits meinen Sinn sich ändern, und wie eine Wolke vom Blitz erleuchtet wird, so ahnde ich ein plötzliches Licht, das mich wie aus weiter Ferne erleuchtet, und sofort wieder verwirrt, indem es mir fremde und undurchdachte Vorstellungen erweckt. Aus dem, was Sie gesagt haben, scheint mir zu folgen, daß es unmöglich sei, zwei Maschinen aus gleichem Stoff zu construiren, die dabei ungleich groß und von gleicher Widerstandskraft seien; und ferner, daß man nicht zwei Stäbe finden wird, aus derselben Holzart gleich in Stärke, aber von ungleicher Größe« (Galilei, 1973, S. 5).

Es geht nicht Stufe für Stufe, von einer Kenntnis zur nächsten, bei welchem Stufengang sich kaum die Verwirrungen und Erleuchtungen ergäben, von denen Sagredo hier spricht. Immerhin: Wenn Salviati recht hätte, dann – so löst sich Sagredo von dem Schiffbauerproblem im Magazin von Venedig – dann müßte seine These bezüglich der Unproportioniertheit von Größe und Belastbarkeit auch für ein Stück Holz gelten. Salviati bestätigt das – und arbeitet die zunächst noch etwas unklare Idee von Sagredo aus. Angenommen, man ließe einen Holzstab horizontal in eine Mauer ein – eine Holzleiste mit bestimmten Proportionen, also etwa fünfzigmal so lang als breit. Angenommen, genau dies sei eine Beschaffenheit, daß die Leiste bei einer geringen Verlängerung herunterbrechen würde; sie sei also etwa 1 cm breit, einen halben cm dick und 50 cm lang – und sie könnte sich gerade noch halten. Wenn man dann in denselben Proportionen eine Stableiste von gleicher Dicke in die Wand einlassen würde, die nur doppelt so lang und doppelt so breit wäre – also etwa 2 cm breit und einen Meter lang, dann würde diese Stableiste unweigerlich an ihrer Last herunterbrechen – obwohl die proportional entsprechende Verkleinerung sich selbst tragen konnte.

»... alle von größeren Dimensionen werden zerbrechen, und die kleineren werden noch belastet werden dürfen. Zudem gilt das, was ich von der Fähigkeit, sich selbst zu tragen, sage, ebenso für jede andere Konstruktion, wie z.B. wenn eine Latte 10 andere ihr gleiche tragen kann, ein Balken, welcher der Latte ähnlich wäre, nicht mehr 10 andere ihm gleiche tragen könnte. Möchten Sie aber, meine Herren, alle Beide, bemerken, wie sehr diese Behauptungen wahr sind, obwohl sie zunächst unwahrscheinlich erscheinen. Aber nach einiger Überlegung fällt der die Wahrheit verhüllende Schleier, und einfach und nackt erblicken wir ihre schöne Gestalt. Ist es nicht klar, daß ein Pferd, welches 3 oder vier Ellen hoch herabfällt, sich die Beine brechen kann, während ein Hund keinen Schaden erlitte, desgleichen eine Katze von 8 oder 10 Ellen Höhe, ja eine Grille von einer Turmspitze und eine Ameise, wenn sie vom Monde herabfiele? Kleine Kinder erleiden beim Fall keinen Schaden, wo Bejahrte sich Arm und Bein zerbrechen. Und wie kleinere Tiere verhältnismäßig stärker und kräftiger sind als die großen, so halten sich die kleinen Pflanzen besser: und nun glaube ich, versteht Ihr alle Beide, meine Herren, daß eine 200 Ellen hohe Eiche ihre Äste in voller Proportion mit einer kleinen Eiche nicht halten könnte, und daß die Natur ein Pferd nicht so groß wie zwanzig Pferde werden lassen kann, noch einen Riesen von zehnfacher Größe, außer durch Wunder oder durch Veränderungen der Proportion aller Glieder, besonders der Knochen, die weit über das Maß einer proportionalen Größe verstärkt werden müßten« (Galilei 1973, S. 5/6).

Nach der Verwirrung, dem Zweifel – in denen sich die Scheinbekanntheit zersetzt hatte – passiert jetzt der Durchbruch in andere Zusammenhänge. Und unser an Lehrbuchwissen gewöhnter Kopf mag fragen, wozu denn diese zeitaufwendigen Irritationen an den Schiffsgerüsten gut waren. Hätte Galilei seinen Salviati nicht von vornherein seine Erkenntnisse demonstrieren lassen können: ausgehend von den plausiblen Beispielen von Pferd, Hund, Katze, Grille? Das Größere ist das überproportional Gebrechlichere – der proportional größere Baum ist bedrohter als der kleinere, an seiner eigenen Last zusammenzubrechen. Daraus hätte sich doch schnell ein allgemeiner Satz arbeiten lassen, mit dessen Hilfe dann die Angelegenheit mit den Schiffsgerüsten im Handumdrehen, sozusagen hinterrücks zu erledigen gewesen wäre. Warum also soll der wissende Lehrer nicht zunächst allgemeine Sätze mit schlagenden Beispielen demonstrieren, um so Instrumente zu gewinnen, die kompliziertere Einzelfälle per Subsumtion erklärbar machen?

Galilei geht hier ganz anders vor. Er konfrontiert die Menschen, auch die Leser, nachhaltig mit der Verwirrung, die entsteht, wenn Gedanken, Erscheinungen und eingewöhnte Praktiken sich zu widersprechen beginnen. Diese Verwirrung, so scheint es, ist ihm kostbar. Nur wer sie durchmacht, hat Aussicht, daß ihm – Sagredo zu zitieren – »aus weiter Ferne ein plötzliches Licht« aufgeht, das ihn freilich auch wieder irritiert, weil es ihm fremde und undurchdachte Vorstellungen erweckt. Die dann zu klären, zu prüfen sind.

Die Schüler, die bei Galilei in die Lehre gehen, werden nicht durch geschickte Maßnahmen darum gebracht, in Verwirrung zu fallen. Das Lernen von unwiderleglicher Richtigkeiten ist nicht die Sache dieses Gesprächs. Mit unvorhersehbaren Wendungen ist es daran orientiert, die zur Verzweiflung bringende Unbekanntheit und Unerklärtheit des vor Augen Liegenden aufzuspüren, auszuhalten – und aus dieser lustvollen Entsicherung, aus diesem Mangel heraus das Begehren nach Einsicht in die wirklichen Zusammenhänge zu entbinden. Kein Zur-Kenntnis-Nehmen und -Geben, eher eine zuweilen qualvolle Geburt. Bei Galilei ist zu spüren, was die sokratische Metapher von der Maieutik meint: – der Lehrer kann nichts beibringen, er kann nur Hebammendienste leisten.[12] Und das Entstehen der Einsicht ist ähnlich qualvoll und unabtretbar wie das Gebären. Wer die Qual verhindert, verhindert die Geburt.

Auch die Aufmerksamkeit von *Doyle/Holmes/Peirce* kann helfen, die betrachtete Gesprächsphase schärfer zu sehen. Der

»Blitz«, der eine momentane Erleuchtung schuf und nach seinem Verschwinden Verwirrung zurückläßt, weil das seither Selbstverständliche durch ihn in seiner Gültigkeit erschüttert ist und die »fremden und undurchdachten Vorstellungen« ohne Zusammenhang, in Erinnerung an den Blitz, den Sinn durchgeistern – dieser Blitz räumt gewissermaßen die seither für gültig gehaltenen Zusammenhangsvermutungen (= Hypothesen) ab. Und nun hat sich zwischen den Gedanken, die auf Zusammenhänge aus sind, und den vor Augen liegenden Fakten eine Art Vakuum gebildet, das schon einen Schock, eine Form des »horror vacui« auslöst, weil die vor Augen liegenden, scheinbar längst bekannten und erklärten Fakten nunmehr blitzartig entblößt von erklärenden Zusammenhänge daliegen. Und dies ist der Moment, in dem die Abduktion im Sinne von Peirce überhaupt erst einsetzen kann: »Die Abduktion setzt bei Fakten ein, ohne dabei gleich zu Beginn eine bestimmte Theorie zu verfolgen...« (Peirce, zit. bei Sebeok/Umiker-Sebeok, 1985, S. 46). In der Sprache von *Doyle/Holmes*: Die Einordnung der Fakten in den plausiblen Gesamteindruck ist zerfallen und rückgängig gemacht. Sagredo ist dadurch wieder imstande, Einzelheiten neu und prüfend anzuschauen. Das schwerste Hindernis für die detektivische Aufmerksamkeit sind die auf den Konventionen des gesunden Menschenverstandes beruhenden Einschätzungen und Einordnungen, die sich ja auch in Sprachgewohnheiten niederschlagen; dieses Hindernis ist zum Einsturz gebracht. Eine Belehrung, die sich im Interesse der schleunigen und reibungslosen Wissensvermittlung die heikle Abduktion sparen wollte, würde dafür sorgen, daß immer Material für plausible Induktionen im Sinn von Peirce bereitgestellt wird: Man vergleiche den Sturz eines Pferdes mit dem Sturz eines Hundes, mit gleichen Körperproportionen. Man leite hypothetisch eine gesetzlichen Zusammenhang ab. Man suche und finde weitere Beispiele. Man wende die Hypothese, die sich zuerst aufgedrängt und nachher durch weitere Belege bestätigt hat, auf die Schiffsgerüste an. In dieser Art von Belehrung ist die Abduktion abwesend. Es handelt sich um die Induktion, der Fakten immer schon als bestätigende Bestandteile von Hypothesen erscheinen, sie sind nie von Hypothesen entblößt – und das sogenannte Problemlöseverhalten, das sich an diese induktiven Verfahren der Vermittlung anschließt, fahndet nach Zusammenhängen, die über die Präparierung von Fakten, durch das Arrangement von Fragen und Aufgaben (Vergleiche!), als Hypothesen durchschlagen und die Aufmerksamkeit determinieren.

# Anmerkungen

1  Die Überlegungen zu den in jeder sprachlichen Äußerung steckenden Geltungsansprüchen (die zu problematisieren Lichtenbergs Aphorismen immer wieder ansetzen, vgl. 1.2 dieses Buches) sind den sprachpragmatischen und sozialphilosophischen Arbeiten von *Jürgen Habermas* verpflichtet (vgl. bes. Habermas, 1981, Bd. II, S. 171–228).

2  »Sie (sc. die Schüler) sind nicht mehr Subjekte ihres Lernens, sondern sie lernen nach Plan und für den Plan, und zwar inhaltlich, zeitlich methodisch und ethisch sozial« schreibt *K. Prange* in einem Aufsatz über den »Systemtheoretischen Beitrag zu einer Anthropologie des Lernens« (Prange, 1986, S. 209).

3  Vgl. dazu und zur Auseinandersetzung mit systemtheoretischen Folgerungen für die Pädagogik von einem der hier angedeuteten Position verwandten Standpunkt Benner 1987, bes. S. 169ff.

4  Wie das in den Beispielen der formalen Problemlösepsychologie vorausgesetzt und experimentell erforscht wird (vgl. Bergius, 1969, S. 261ff; und Rumpf, 1985, S. 124ff.).

5  Wie unangemessen Problembewältigungstechniken und ihre theoretische Modellierung werden, wenn sie die Auseinandersetzung mit einem Kunstwerk dominieren, kann der Hinweis auf einen modernen Künstler und Interpreten illustrieren, der seine Praxis gerade nicht als Bereinigung von Brüchen und Widersprüchen sieht, sondern als deren Aufdeckung und Schärfung. Der Musiker *Michael Gielen* schreibt: »... wenn keine Widersprüche da sind, dann interessiert mich die ganze Kunst nicht. Es ist aber nicht so, daß Widersprüche hineingetragen werden. Widersprüche sind in jedem Menschen, in jeder Figur auf der Opernbühne, in jedem Hauptthema der klassischen Musik. Man muß gescheit genug sein, sie so zu verbinden, daß daraus ein Hauptthema der klassischen Sinfonie wird. Es gibt nichts in der Kunst, das widerspruchslos ist. Also würde ich es als Lüge empfinden, wenn ich glatte Kunst produzieren würde« (Gielen, 1983, S. 14). Und: »Auch für Inszenierungen gilt, daß die, die restlos aufgehen im immediaten Verständnis und Einverständnis der Zuschauer mit Sicherheit keine Kunstwerke sind« (Gielen, 1986, S. 26).

6  Vgl. den Aufsatz von *R.H. Kluwe* (1983), der unter der Überschrift »Beweglichkeit des Denkens« den neuen Stand der Problemlösepsy-

chologie in ihrer Bedeutung für Pädagogik und Kulturarbeit dokumentiert: Die Herkunft und der Aufgabencharakter der Probleme, die das bewegliche Denken zu meistern hat, bleiben in ihrer inhaltlichen Qualität und Widerständigkeit unprofiliert. Problemlösen bleibt eine formale Fertigkeit.

Das zeigt sich auch in den allgemeinen theoretischen Erörterungen der aufschlußreichen Arbeit von *H.Lehner* (1979), die Problemlösepsychologie auf die Praxis didaktischer Vermittlungen zu beziehen sucht (bes. S. 55). (A) Die Brüche und Verwerfungen in Inhalten schrumpfen zu Auslösern von kognitiven Dissonanzen und tauchen nur mehr als Stimulantien zu ihrer Überwindung auf. (B) Die geistige Aktivität bei Lernenden wie bei Lehrenden ist auf die Überwindung von Hindernissen und auf das Erreichen eines noch fernliegenden Ziels hingespannt – nicht etwa auf Präsenz, auf Vergegenwärtigung eines ursprünglichen »nachholenden Vollzugs einer Genesis« (Blumenberg, 1986, S. 38) oder auf »schauende Erkenntnis« (Husserl, zit. bei Blumenberg, 1986, S. 39) bedacht (vgl. dazu auch Bollnow, 1967, S. 70; und Rumpf, 1987, S. 52–107). (C) Der Träger der Problemlöseaktivität wird als eine subjekt- und geschichtslose Größe gesetzt; sie ist der Träger eines kognitiven Apparates, der in Gang zu setzen ist, um vorgesetzte Aufgaben effizient zu lösen. Die Operationen bleiben der Sache und den Menschen äußerlich. Ihr Vorankommen erinnert an das Vorankommen eines Autos, dessen Weltbewältigungsrepertoire ja auch strikt getrennt sind von Person und Stimmung des Fahrers wie von den Qualitäten der Fahrbahnen und ihrer Umwelt.

*Prange,* beeinflußt von *Luhmanns* Systemtheorie, hat sehr klar formuliert, wozu es führt, wenn eine formale Problemlösepsychologie auf kulturelle Inhalte bezogen wird, etwa in der Schule: »Geht es um ›problemlösendes Verhalten‹ (H. Roth), dann benutzt der Unterricht den Stoff, um daran etwas zu lernen, was auch mit einem anderen Stoff möglich wäre. Es ist nicht mehr seine sachliche oder ethische Dignität, die ihn als Lerngegenstand ausweist, sondern seine Nutzen für methodische Übungen« (Prange, 1986, S. 208); vgl. dazu Luhmann 1986.

7 *Eckermann* am 11. April 1822 zu Goethe: »An Lessing, sagte ich, ist es merkwürdig, daß er in seinen theoretischen Schriften, z.B. in Laokoon, nie geradezu auf Resultate losgeht, sondern uns immer erst jenen philosophischen Weg durch Meinung, Gegenmeinung und Zweifel herumführt, ehe er uns endlich *zu einer Art* Gewißheit *gelangen läßt.* Wir sehen mehr die Operation des Denkens und Findens als daß wir große Ansichten und große Wahrheiten erhielten« (zit. in Lessing, 1974, S. 874).

8 Der Physiklehrer und Physiker *Martin Wagenschein* hat in einem kurzen Essay die Brisanz der Lichtenbergschen »Dreckstäubchen«, was die physikalische Seite angeht, aufgedeckt (Wagenschein, 1980, S. 113–114).

9 Ein Protagonist moderner Tanzkunst, *Cunningham,* beschreibt die

Lernpraxis, die den Tanz aus der Erstarrung im Dekorativen herausholen kann, so: »Als Tänzer, als Interpret muß man ständig versuchen, es sich selbst schwer zu machen. Ich meine nicht nur in technischer Hinsicht. Es hat etwas mit einer gewissen Unbeholfenheit zu tun... Man muß die Bewegung für sich selbst beschwerlich machen, so als wüßte man nicht, wie man drangehen soll, so daß sie mit neuem Leben erfüllt wird, wenn man sie dann endlich hat« (zit. bei Fritsch, 1987, S. 273). Es handelt sich um das Ausgraben von durch technische Routinen, durch Alltagsdeutungen übergangenen Schwierigkeiten – sie sind nicht niederzuwerfende Feinde, sondern Einbruchstellen von Präsenz (vgl. auch die Gedanken von Gielen, zit. in Anm. 5).
Daß auch in Piagets Entwicklungspsychologie oft übergangene Hinweise auf den virulent bleibenden sinnlich-bildhaften und mimetischen Untergrund begrifflicher Weltverarbeitung zu finden sind, habe ich im Detail zu zeigen versucht – gegen die in der Didaktik vorherrschenden rein kognitivistischen Rezeptionsgewohnheiten (vgl. Rumpf, 1987, S. 67–84).

10 In dieser Auseinandersetzung zwischen algebraischem und poetischem Sprachgebrauch und in der Bemühung, dem algebraischen Sprachgebrauch nicht allein das Feld zu überlassen, spiegelt sich etwas von Kants Bemühung, durch die Unterscheidung zwischen bestimmender und reflektierender Urteilskraft der ästhetischen Erfahrung einen Eigensinn zu bewahren. In der reflektierenden Urteilskraft wird ein Überschuß von Anschaulichkeit ernstgenommen – ein Überschuß, der nicht völlig in den begrifflichen Bestimmungen aufgeht (vgl. dazu Scheible, 1988, S. 98ff. und Scheible, 1987, S. 20–23, sowie Mollenhauer 1988, S. 446f.).

11 Insofern ist die von Bohrer zumindest nahegelegte These, das in Vorträgen und Vorlesungen Dargebotene gewinne schon aufgrund des gelehrten Darüberredens »anheimelnde Züge«, anfechtbar, weil sie sich nicht auf die inhaltliche Dramaturgie solchen Lehrens einläßt (vgl. Bohrer, 1979, S. 374–375).

12 *Martin Wagenschein* zitiert zwei Äußerungen Galileis, in denen die lebensweltliche Fundierung und der maieutische Charakter von Galileis Art zu denken und lehren deutlich wird:
»Ich sage Euch, wenn jemand die Wahrheit nicht aus sich heraus erkennt, so ist es unmöglich, daß ein anderer sie ihn erkennen läßt«.
»Bitte gönnen Sie uns die Wohltat und den Gewinn, der aus der lebendigen Unterhaltung zu schöpfen ist; wir sind unter Freunden und behandeln zwanglose, freie Themata: welch ein Unterschied gegen tote Bücher, die tausend Zweifel erregen, deren keiner gehoben wird. Teilt uns also Eure Gedanken mit, die im Lauf unseres Gespräches Euch aufleuchten. Wir werden Zeit genug haben... (Galilei, zit. bei Wagenschein, 1965, S. 108).

# Literatur

Adorno, Th.W., 1962: Minima Moralia, Frankfurt/M.

Adorno, Th.W., 1973: Studien zum autoritären Charakter, Frankfurt/M.

Adorno, Th.W., 1975: Theorie der Halbbildung. In: Adorno, 1975: Gesellschaftstheorie und Kulturkritik, Frankfurt/M, S. 66–94.

Aebli, H., 1961: Grundformen des Lehrens, Stuttgart.

Anders, G., 1961: Die Antiquiertheit des Menschen (Bd. I), München.

Arendt, H., 1960: Von der Menschlichkeit in finsteren Zeiten, München.

Aufenanger, S./Lenssen, M., 1986: Handlung und Sinnstruktur. Bedeutung und Anwendung der objektiven Hermeneutik, München.

Barthes, R., 1980: Leçon/Lection, Frankfurt/M.

Benner, D., 1987: Allgemeine Pädagogik, Weinheim/München

Bergius, R., 1969: Analyse der ›Begabung‹: Die Bedingungen des intelligenten Verhaltens. In: H. Roth (Hrsg.): Deutscher Bildungsrat: Begabung und Lernen, Stuttgart, S. 229–268

Blumenberg, H., 1981: Wirklichkeiten, in denen wir leben, Stuttgart.

Bohrer, K.-H., 1979: Die Furcht vor dem Unbekannten. In: Merkur, 33. Jg. Heft 4 (April 1979), S. 373–386

Bollnow, O.F., 1967: Bruchstück über die Anschauung. In: R. Bohnsack u.a. (Hrsg.): Gestalt – Gedanke – Geheimnis (Festschrift f. J. Pfeiffer), Berlin, S. 67–73.

Chargaff, E., 1980: Das Feuer des Heraklit, Stuttgart.

Euler, L., 1773: Briefe an eine Prinzessin über verschiedene Gegenstände der Physik und der Philosophie. Aus dem Französischen. Leipzig

Fischer, G., 1982: Lichtenbergische Denkfiguren. Aspekte des Experimentellen, Heidelberg.

Freud, S., 1966: Vorlesungen zur Einführung in die Psychoanalyse. Werke, Bd. XI, Frankfurt/M.

Fritsch, U., 1988: Tanz, Bewegungskultur, Gesellschaft, Frankfurt/M.

Gadamer, H. G., 1975: Wahrheit und Methode, Tübingen.

Galilei, G., 1973: Unterredung und mathematische Demonstrationen über zwei neue Wissenszweige, die Mechanik und die Fallgesetze betreffend. Hrsg. v. A. v. Oetingen, Darmstadt (Wiss. Buchgesellschaft).

Gielen, M., 1983: Es gibt keine widerspruchslose Kunst. In: Frankfurter Rundschau Nr. 166 v. 21.7.1983, S. 14.

Gielen, M., 1986: Ein getreuer Korrepetitor (Rede anläßlich der Verleihung des Th. W. Adorno-Preises der Stadt Frankfurt/M am 28. September 1986). Abgedruckt in der Schrift der Stadt Frankfurt/M: Th. W. Adorno-Preis 1986 der Stadt Frankfurt/M; S. 17–28.

Ginzburg, C., 1983: Spurensicherung. In: Ginzburg 1983: Spurensicherungen, Berlin, S. 61–96.

Grimsehl, W., o. J. (1966?): Physik I, Stuttgart.

Habermas, J., 1981: Theorie des kommunikativen Handelns, 2 Bände, Frankfurt/M.

Heinrichs, H.-J., 1983: Sprachkörper. Zu Claude Levi-Strauss und Jacques Lacan, Frankfurt/M, Paris.

Hentig, H. v., 1986: Laudation auf den Empfänger des Preises der Henning-Kaufmann-Stiftung 1985, Martin Wagenschein. In: Neue Sammlung, 26. Jg. 1986, Heft 4, S. 447–464.

Hildebrandt, D., 1979: Lessing – Biographie einer Emanzipation, München.

Kern, H., 1983: Labyrinthe, München

Kluwe, R. H., 1983: Beweglichkeit des Denkens. In: L. Montada/K. Reusser/G. Steiner Hg.: Kognition und Handeln (Festschrift für H. Aebli). Stuttgart, S. 127–145.

Knigge, V., 1988: Triviales Geschichtsverständnis und verstehender Geschichtsunterricht, Pfaffenweiler.

Kükelhaus, H./zur Lippe, R., 1982: Entfaltung der Sinne. Ein ›Erfahrungsfeld‹ zur Bewegung und Besinnung, Frankfurt/M.

Lacan, J., 1975: Das Drängen des Buchstabens im Unbewußten oder die Vernunft seit Freud. In: Lacan, J.: Schriften II (hrsg. von N. Haas), Olten, S. 15–60.

Lehner, H., 1979: Erkenntnis durch Irrtum als Lehrmethode, Bochum.

Lessing, G.E., 1959: Gesammelte Werke. Zweiter Band. Hrsg. v. W. Stammler, München (Hanser Ausgabe)

Lessing, G.E., 1974: Werke, Bd. 6 (Hrsg. H.G. Göpfert, bearb. v. A. v. Schirnding), Darmstadt (Wiss. Buchges.).

Lichtenberg, G.C., 1953: Aphorismen, Briefe, Schriften, hrsg. v. P. Requadt, Stuttgart.

Lichtenberg, G.C., 1973: Schriften und Briefe. Erster Band: Sudelbücher, hrsg. v. W. Promies, München.

Lichtenberg, G.C., 1983a: Aphoristisches zwischen Physik und Dichtung, ausgew. und hrsg. v. J. Teichmann, Braunschweig.

Lichtenberg, G.C., 1983b: Ich Lichtenberg, hrsg. v. M. Korth, Frankfurt/M.

Zur Lippe, R., 1987: Sinnenbewußtsein. Grundlegung einer anthropologischen Ästhetik, Reinbek.

Zur Lippe, R., 1987b: Verhüllen – Ins Leben rufen. Gedanken zu und für Christo. In »Poiesis« (Zeitschrift für praktisch-theoretische Wege ästhetischer Selbsterziehung, Oldenburg, Postfach 2503) Heft 3/1987, S. 33–50.

Luhmann, N., 1986: Codierung und Programmierung. Bildung und Selektion im Bildungssystem. In: Tenorth, H.-E. (Hrsg.): Allgemeine Bildung. Weinheim-München, S. 154–182.

Mollenhauer, K.: Ist ästhetische Bildung möglich? In: Zeitschrift für Pädagogik. Juli 1988/Heft 4, 1988, S. 443–462.

Nagler, K./Reichertz, J., 1986: Kontaktanzeige. Auf der Suche nach dem anderen, den man nicht erreichen kann. In: Aufenanger/Lenssen a.a.O. S. 84–122.

Nietzsche, F., 1954: Werke, Bd. I. Hrsg. v. K. Schlechta, München.

Oevermann, U., 1983: Zur Sache. In: L. v. Friedeburg/J. Habermas (Hrsg.): Adorno-Konferenz 1983, Frankfurt/M, S. 234–289.

Oevermann, U., 1986: Kontroversen über sinnverstehende Soziologie. In: Aufenanger/Lenssen (Hrsg.) a.a.O. S. 19–83.

Plessner, H., 1983: Mit anderen Augen (1953). In: Plessner: Gesammelte Schriften, Bd. VIII (Conditio humana) Frankfurt/M., S. 88–104.

Portmann, A., 1960: Naturwissenschaft und Humanismus. In: Jaspers, K.: Wahrheit und Wissenschaft/Portmann, A.: Naturwissenschaft und Humanismus. 2 Reden München.

Prange, K., 1986: Reduktion und Respezifikation. Der systemtheoretische Beitrag zu einer Theorie des Lernens. In: J. Oelkers/H.-E. Tenorth (Hrsg.): Pädagogik, Erziehungswissenschaften und Systemtheorie, Weinheim-Basel, S. 202–215.

Rumpf, H., 1971: Die sokratische Prüfung. In: H. Rumpf: Scheinklarheiten, Braunschweig (S. 204–219).

Rumpf, H., 1979: Inoffizielle Weltversionen – Über die subjektive Bedeutung von Lerninhalten. In: Zeitschrift für Pädagogik, Heft 2/1979 (25. Jg.), S. 209–230.

Rumpf, H., 1985: Die Bibel der Verschulung. Ein Rückblick auf das Gutachten des Bildungsrats von 1968. In: Kursbuch 80 (1985), S. 119–128.

Rumpf, H., 1986: Schatten-Gedanken. In: Neue Sammlung, Heft 4/1986, 26. Jg. S. 513–517.

Rumpf, H., 1987: Belebungsversuche. Ausgrabungen gegen die Verödung der Lernkultur, Weinheim, München.

Scheible, H., 1987: Über Vernunft, Intrige und Natur in Mozarts »Die Hochzeit des Figaro«. In: Musiktheater Hinweise. Oper Frankfurt/M, Februar 1987, S. 16–23.

Scheible, H., 1988: Wahrheit und Subjekt. Ästhetik im bürgerlichen Zeitalter, Reinbek.

Schoene, A. 1982: Aufklärung aus dem Geist der Experimentalphysik – Lichtenberg. München

Sebeok, Th. S. und Umiker-Sebeok, J., 1985: Sie kennen ja meine Methode. Ein Vergleich von Charles S. Peirce und Sherlock Holmes, in Eco, U./Sebeok, Th., A., 1985: Der Zirkel oder im Zeichen der Drei (Dupin/Holmes/Peirce), München, S. 28–87.

Sklovskij, V.: Die Kunst als Verfahren. In: J. Striedter, Hrsg.: Russischer Formalismus. München 1971, S. 3–35.

Sklovskij, V.: Über Sujetfügung. In: J. Striedter, Hrsg.: Russischer Forma-
lismus. München 1971, S. 41–68.
Sklovskij, V.: Die Auferweckung des Wortes. In: W.D. Stempel, Hrsg.:
Texte der russischen Formalisten. Bd. II, München 1973, S. 3–17.
Sloterdijk, P., 1986: Das Andere am Anderen. In Poiesis Heft 2 (1986) S.
7–19.
Thiemann, F., 1988: Kinder in den Städten, Frankfurt/M.
Tolstoj, L.N. o.J.: Krieg und Frieden, München (Winkler).
Tolstoj, L.N. o.J.: Anna Karenina, München (Winkler).
Truzzi, M., 1985: Sherlock Holmes: Praktischer Sozialpsychologe. In:
Eco/Sebeok Hrsg. 1985: Der Zirkel oder im Zeichen der Drei, Mün-
chen, S. 125–179.
Wagenschein, M., 1965: Die pädagogische Dimension der Physik, 2. Aufl.,
Braunschweig.
Wagenschein, M. u.a. 1990: Kinder auf dem Wege zur Physik, Weinheim,
Basel.
Wagenschein, M., 1983: Erinnerungen für Morgen, Weinheim-Basel.
Wagenschein, M., Buck, P., 1984: Demokrit auf dem Zeugenstand. In: chi-
mica didactica, 10. Jg. Heft 3, S. 2–20.
Wagenschein, M., 1980: Naturphänomene sehen und verstehen, Stuttgart.
Wagenschein, M., 1986: Die Sprache zwischen Natur und Naturwissen-
schaft, Marburg (Jahrbuch 1985 der Henning-Kaufmann-Stiftung), S.
53–90.
Weinrich, H., 1985: Wege der Sprachkultur, Stuttgart.

# GRÜNE REIHE

Christian Büttner, Eberhard W. Meyer (Hrsg.)
**Rambo im Klassenzimmer**
Wie Lehrer/-innen sich der Videofaszination ihrer Schüler annähern können
199 S. Br. DM 39,80
ISBN 3-407-25134-3
Dieser Band enthält erprobte Modelle, praktische Erfahrungen und Arbeitsmaterialien für die Lehrerfortbildung zur Faszination von Horror- und Gewaltvideos bei Schülerinnen und Schülern.

Hans-Heino Ewers (Hrsg.)
**Kindliches Erzählen,**
**Erzählen für Kinder**
Erzählerwerb, Erzählwirklichkeit und erzählende Kinderliteratur
186 S. Br. DM 36,–
ISBN 3-407-25130-0
Der Band vereinigt Zugänge zum Erzählerwerb, der Erzählwirklichkeit und zur Rolle der erzählenden Kinderliteratur im Vorschul- und Schulalter.

Ulrich Greber, Jutta Maybaum, Botho Priebe, Hartmut Wenzel (Hrsg.)
**Auf dem Weg zur »Guten Schule«:**
**Schulinterne Lehrerfortbildung**
Bestandsaufnahme – Konzepte – Perspektiven
530 S. Br. DM 54,–
ISBN 3-407-25129-7
Aus dem Inhalt: Schulinterne Lehrerfortbildung – Ansätze, Entwicklungen, Diskussionsstand; Beispiele in der Bundesrepublik; Beispiele aus dem Ausland; Aspekte schulinterner Lehrerfortbildung.

Ilse Brehmer (Hrsg.)
**Schule im Patriarchat –**
**Schulung fürs Patriarchat?**
173 S. Br. DM 34,–
ISBN 3-407-25132-7
Ein Grundlagentext, der für die Benachteiligung von Schülerinnen und Frauen in der Schule sensibilisiert.

Iris Mann
**»Ich war behindert an Hand**
**der Lehrer und Ärzte«**
Beispiele für Nicht-Aufgeber
176 S. Br. DM 34,–
ISBN 3-407-25133-5
An zwei sensibel geschilderten Beispielen kann die Autorin zeigen, daß Lernerfolge auch dann möglich sind, wenn sogenannte Experten schon aufgegeben haben.

Horst Rumpf
**Didaktische Interpretationen**
Galilei, Euler, Lichtenberg, Lessing, Tolstoj, Freud, Kükelhaus, Oevermann und andere
181 S. Br. DM 32,–
ISBN 3-407-25131-9
Dieses Buch spürt didaktische Nicht-Profis aus vier Jahrhunderten nach, wie sie Aufmerksamkeiten intensivieren, wie sie das Unbekannte unter dem Scheinbekannten stark machen – Lehre und Kulturarbeit abseits von Lernschnellwegen.

Preisänderungen vorbehalten

**Beltz Verlag · Postfach 10 01 54 · 6940 Weinheim**

B_20

# BELTZ PRAXIS

Leonhard Blumenstock
**Handbuch der Leseübungen**
Vorschläge und Materialien zur Gestaltung des Erstleseunterrichts mit Schwerpunkt im sprachlich-akustischen Bereich.
159 S. Br. DM 36,–
ISBN 3-407-62068-3

Blumenstock/Renner (Hrsg.)
**Freies und angeleitetes Schreiben**
Beispiele aus dem Vor- und Grundschulalter.
142 S. Br. DM 32,–
ISBN 3-407-62131-0

Asit Datta (Hrsg.)
**Projektwoche Dritte Welt**
Unterrichtseinheiten für die Sekundarstufe I.
198 S. Br. DM 38,–
ISBN 3-407-62120-5

Mauthe-Schonig/Schonig/Speichert
**Mit Kindern lesen**
Handlungsorientierter, fächerübergreifender Unterricht im zweiten Schuljahr.
134 S. Magazinformat. Br. DM 29,80
ISBN 3-407-62080-2

Mauthe-Schonig/Schonig/Speichert
**Mit Kindern lesen im ersten Schuljahr**
Anfangsunterricht mit den Geschichten von der kleinen weißen Ente.
95 S. DIN A4. Br. DM 28,–
ISBN 3-407-62305-4

Peter Thiesen
**Drauflosspieltheater**
Ein Spiel- und Ideenbuch für Kindergruppen, Hort, Schule, Jugendarbeit und Erwachsenenbildung.
155 S. Br. DM 22,–
ISBN 3-407-62130-2

Gerhard de Haan
**Ökologie-Handbuch Grundschule**
Sieben Themen mit über 100 praktischen Vorschlägen für den Unterricht.
192 S. Br. DM 29,80
ISBN 3-407-62124-8

Dagmar Köppen/Brigitte Riess
**Mal sehen, ob unsere Füße hören können**
Musik und Bewegung im Anfangsunterricht.
102 S. Br. DM 22,–
ISBN 3-407-62115-9

Naegele/Valtin (Hrsg.)
**LRS in den Klassen 1–10**
Handbuch der Lese- und Rechtschreibschwierigkeiten.
192 S. Br. DM 42,–
ISBN 3-407-62125-6

Terry Orlick
**Neue kooperative Spiele**
Mehr als 200 konkurrenzfreie Spiele für Kinder und Erwachsene.
338 S. Br. DM 39,80
ISBN 3-407-62088-8

Hildegund Weigert/Edgar Weigert
**Schuleingangsphase**
Hilfen für eine kindgerechte Einschulung.
153 S. Br. DM 29,80
ISBN 3-407-62127-2

Helga Zitzlsperger
**Kinder spielen Märchen**
Schöpferisches Ausgestalten und Nacherleben. 197 S. Br. DM 36,–
ISBN 3-407-62035-7

Helga Zitzlsperger
**Ganzheitliches Lernen**
Welterschließung über alle Sinne mit Beispielen aus dem Elementarbereich.
212 S. Br. DM 42,–
ISBN 3-407-62126-4

Preisänderungen vorbehalten

**Beltz Verlag · Postfach 10 01 54 · 6940 Weinheim**

B_19